Originalausgabe

5 4 3
ISBN 3-88117-615-2
Gestaltung: Niels Bonnemeier
Redaktion: Monika Römer, Gabriele Heßmann

Printed in Italy

Angelika Ilies

Das kleine Kaffeebuch

Internationale
Spezialitäten aus der
„magischen Bohne“

Hölker Verlag

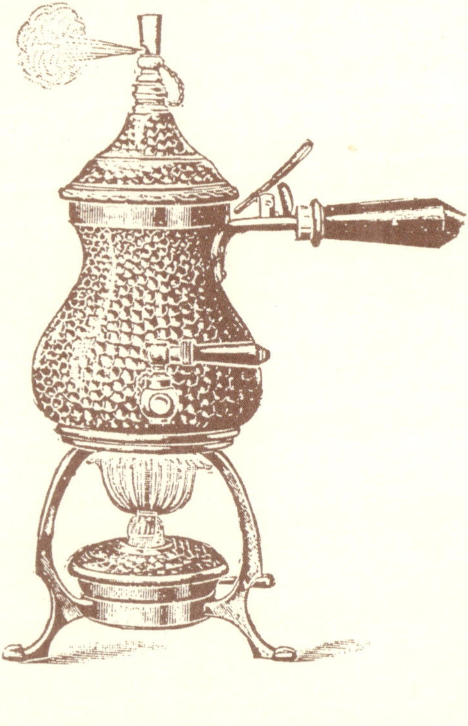

Inhalt

Die Rezepte sind für 4 Personen berechnet.

Einführung

Ob als Wecker am Morgen oder als Muntermacher zwischendurch, ob nach dem Mittagsmahl oder als Lebenselixier am Nachmittag – Kaffee ist unser liebstes Getränk! Mehr als 160 Liter trinkt jeder von uns im Jahr. Das sind, statistisch betrachtet, drei bis vier Tassen am Tag. Das bedeutet natürlich, dass viele von uns weit mehr genießen – schließlich zählt die Statistik jedes Baby und jeden Tee-Fan mit.

Viel hat sich geändert im letzten Jahrhundert – auch beim Kaffee. Unsere Urgroßmütter zelebrierten die Zubereitung noch: Die Bohnen wurden frisch gemahlen, nicht zu fein, nicht zu grob, und natürlich mit Muskelkraft. Pro Tasse kam ein gehäufter Kaffeelöffel Pulver in eine sorgfältig vorgewärmte Kaffeekanne, dann gossen sie kurz zuvor aufgekochtes Wasser darüber und ließen alles unter einer dicken Kaffeemütze fünf bis sieben Minuten lang ziehen.

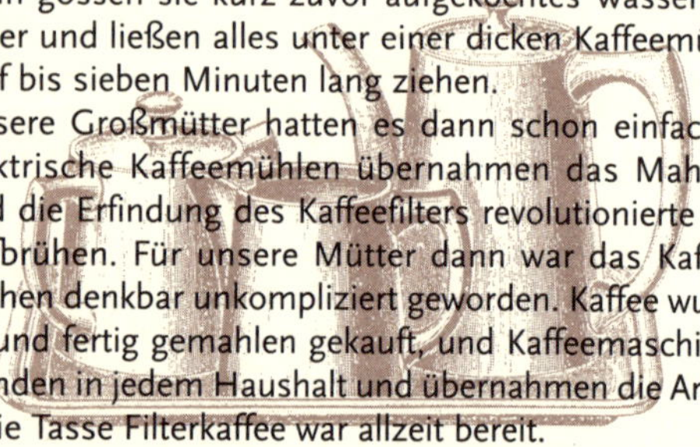

Unsere Großmütter hatten es dann schon einfacher: elektrische Kaffeemühlen übernahmen das Mahlen, und die Erfindung des Kaffeefilters revolutionierte das Aufbrühen. Für unsere Mütter dann war das Kaffeekochen denkbar unkompliziert geworden. Kaffee wurde fix und fertig gemahlen gekauft, und Kaffeemaschinen standen in jedem Haushalt und übernahmen die Arbeit – die Tasse Filterkaffee war allzeit bereit.

Heute ist die Vielfalt der Kaffeegenüsse fast unüberschaubar geworden. Ob blitzschneller Instantkaffee oder traditioneller Filterkaffee, italienischer Espresso oder türkischer bzw. griechischer Mokka, Café au lait,

Melange oder Cappuccino, Iced Coffee oder Kaffee mit Vanillearoma – jeder findet seinen Favoriten. Immer wieder neu. Etwas aber ist stets gleich geblieben: der unvergleichliche Genuss, den Kaffee uns bereitet. Als heißer oder kalter Drink in immer neuen Variationen, zusammen mit Gebäck oder einer herzhaften Kleinigkeit serviert, als raffinierte Würze in Kuchen und Desserts – gehen Sie mit diesem kleinen Buch auf Entdeckungsreise durch die Welt des Kaffees.

Kleine Kaffeegeschichte

Woher kam der Kaffee? Wann und wie ist der schwarze Muntermacher entstanden? Genau weiß man dies leider nicht, handfeste Daten fehlen. Eine Anekdote besagt jedoch, dass sich Hirten in Abessinien, dem heutigen Äthiopien, über das auffällige Verhalten ihrer Ziegen wunderten: Sobald ihre Tiere die Früchte eines bestimmten Strauchs fraßen, wurden sie kaum noch müde. Irritiert darüber, brachten die Hirten einige der roten, kirschartigen Früchte in ein nahe gelegenes Kloster. Die Mönche glaubten, dass der Teufel die Hände im Spiel habe und warfen die Früchte ins Feuer. Ein wunderbarer Duft verbreitete sich, die Samen der Früchte aber verbrannten nicht. Man bereitete daraus schließlich einen Aufguss zu, trank diesen und blieb selbst die ganze Nacht hindurch hellwach.
Als gesichert gilt, dass die ersten Kaffeepflanzen tatsächlich in Abessinien wuchsen und dass Kaffee bereits Mitte des 15. Jahrhunderts in Arabien getrunken wurde.

Man nannte das Getränk zu jener Zeit „qahwah", was soviel wie Wein bedeutet und die berauschende Wirkung des Kaffees verdeutlicht.
In der zweiten Hälfte des 15. Jahrhunderts eroberte die Kaffeebohne über Mekka und Medina das arabische Großreich. Vor allem die Pilger, die ihr Heiligtum in Mekka besuchten, dürften die Kunde vom neuen Getränk verbreitet haben. Ihnen war Alkohol verboten – deshalb war die Wirkung des Kaffees um so mehr willkommen. Kaffeeschänken entstanden – und wurden im Jahre 1511 erst einmal wieder verboten.
Der Siegeszug des Kaffees war jedoch nicht aufzuhalten, und rasch verbreitete sich das schwarze Getränk in ganz Arabien. Überall entstanden Kaffeehäuser, die den Menschen den Genuss des Getränks ermöglichten. Bald darauf – im Jahre 1554 – eröffnete in Konstantinopel (dem heutigen Instanbul) das erste Kaffeehaus auf europäischem Boden, und knapp einhundert Jahre später wurde am Markusplatz in Venedig ein weiteres eröffnet. Ob London, Wien oder Paris – in den nächsten Jahren und Jahrzehnten entstanden überall in Europa Kaffeehäuser.

Bis zum 16. Jahrhundert wurden ausschließlich die gerösteten Kaffeebohnen von Arabien aus über die Weltmeere verschifft. Wichtigster Ausfuhrhafen war die Stadt Mocha am Roten Meer (im Jemen gelegen). Für Kaffeesträucher ebenso wie für die keimfähigen Kaffeebohnen gab es jedoch unter Androhung harter Strafen ein striktes Ausfuhrverbot. Die Sultane wollten, dass der Kaffee ein Geheimnis der Osmanen bliebe.

Natürlich ließ sich dies nicht ewig durchhalten, im frühen 17. Jahrhundert gelangten schließlich doch die ersten Samen der Kaffeepflanzen außer Landes. Umgehend begann man mit dem systematischen Anbau des wertvollen Strauchs, die Nachfrage in den europäischen Ländern war groß. Das Monopol war gebrochen, die rasante Verbreitung des gewinnbringenden Gewächses nicht mehr aufzuhalten. Die Kolonialmächte brachten es nach und nach in alle geeigneten Anbaugebiete – und natürlich in ihre Heimatländer und damit zu den Menschen in Europa.

Wichtig: Sorten, nicht Marken

Wir kaufen gewöhnlich Kaffeemarken mit wohlklingenden Namen. Die Kaffeesorte entscheidet nur bei wenigen Kunden und meist nur in Spezialgeschäften über die Wahl der Bohnen oder des Pulvers. Bei den herkömmlichen Kaffeemarken handelt es sich fast immer um eine Mischung verschiedener Kaffeesorten, die sogar aus mehreren Anbaugebieten überall in der Welt stammen können. Fast alle Kaffees bestehen aus den beiden wichtigsten Kaffeesorten „Arabica“ und „Robusta“.
Die ersten Kaffeesträucher in Äthiopien waren Sträucher der Sorte „Arabica", und bereits im 15. Jahrhundert bauten die Jemeniten diese Kaffeesorte systematisch an. Die zweite große Kaffeesorte „Robusta“ wurde erst 1898 in Afrika entdeckt, die ersten Plantagen mit Pflanzen dieser Sorte entstanden um das Jahr

1900 auf Java. Heute macht die Sorte Robusta rund 30 Prozent der Weltproduktion an Kaffee aus.
Arabica-Kaffee gilt als besonders fein und hochwertig. Er ist aromatisch, mild und säurearm, und er hat einen niedrigen Koffein-Gehalt. Robusta-Kaffee hingegen ist – der Name sagt es bereits – resistenter gegenüber Klimaschwankungen und Parasiten, er ist robuster und entsprechend preiswerter. Zudem enthält er deutlich mehr Koffein, ist kräftiger, aber auch bitterer, säurereicher und weniger aromatisch.
Doch nicht allein die Kaffeesorte entscheidet über die spätere Kaffeequalität. Gleichermaßen wichtig ist die Herkunft der Bohnen. Wo sind sie gewachsen? In welcher Höhe und auf welchem Boden? Wie war das Klima? Zudem haben Art und Intensität der Röstung großen Einfluss, ebenso wie das Mischungsverhältnis der verschiedenen Kaffeesorten etc.
Aber letztlich entscheidet der persönliche Geschmack. Darum sollten Sie am besten nach und nach verschiedene Kaffeesorten probieren und so Ihren Favoriten herausfinden.

Vom Baum zur Bohne

Der Kaffeebaum gedeiht nur in tropischem Klima und wird in vielen Ländern angebaut. Nach zwei bis drei Jahren trägt er zum ersten Mal Früchte, die in voll ausgereiftem Zustand leuchtend rot sind und an kleine Kirschen erinnern. Traditionell werden nur die reifen Kirschen gepflückt. Da gleichzeitig Blüten und alle

Reifestadien der Kirschen an einem Baum sitzen, ist die Ernte entsprechend aufwendig. Oft werden deshalb reife und unreife Kirschen gleichzeitig vom Baum gestreift und später sortiert.

Nach dem Pflücken und Sortieren löst man jeweils die Bohnen (= zwei Samen) aus den Kirschen, lässt sie ein bis zwei Tage lang gären und wäscht anschließend den noch anhaftenden Fruchtschleim ab. Die Bohnen sind nun noch von der Samenschale, einer schützenden Pergamenthülle, umgeben und werden in der Sonne oder in Heißluftanlagen getrocknet. Kurz vor dem Export wird auch diese Schutzhülle entfernt. Kaffeehändler in aller Welt beziehen diesen grünlich-grauen, so genannten „Rohkaffee" und sortieren und verlesen die Bohnen, bevor sie sie schließlich rösten. Dies geschieht heute in großen Anlagen bei etwa 200 °C und dauert nur wenige Minuten. Dabei verdoppeln die Bohnen ihr Volumen, Röst- und Bitterstoffe entstehen und ätherische Öle werden freigesetzt. Nach dem Rösten werden die Bohnen rasch abgekühlt, mit Bohnen anderer Kaffeesorten vermischt und umgehend verpackt. Geschwindigkeit ist gefragt, da sich das begehrte Aroma nach dem Rösten rasch verflüchtigt.

Vom Kaffeehaus zum Coffeeshop

Wie erwähnt, entstanden die ersten Kaffeehäuser bereits im 15. Jahrhundert. Sie waren Treffpunkt und Nachrichtenbörse, Bühne und Foyer, Ort der Ruhe und der Aufruhr. Hier konnte man entspannen und Neuigkeiten austauschen, politische Pläne schmieden oder die jüngsten Gerüchte hören. In Istanbul ebenso wie in Venedig, Wien oder London. Oder in New York, wo, Überlieferungen zufolge, im Jahr 1658 das erste Kaffeehaus auf amerikanischem Boden eröffnet wurde. Bis heute gibt es überall auf der Welt Kaffeehäuser unterschiedlichster Art. So genießen wir eine echte „Melange“ im gemütlichen Wiener Kaffeehaus, trinken schnell einen starken „Espresso“ in einer Bar am Markusplatz oder nehmen einen „Iced Espresso“ aus einem typisch amerikanischen Coffeeshop mit in den benachbarten Park.

Stichwort „Coffeeshops“: Von Amerika aus haben sie, und hat damit der Kaffee, einen neuen Siegeszug um die Welt angetreten. Waren die Shops in den USA ehemals oft neonbeleuchtet und nur zum Frühstück geöffnet, locken sie heute mit modernem Styling ihre Gäste bis in die späten Abendstunden an. Während man früher meist einfach heißes Wasser über einige Löffelchen Instantkaffee goss oder den klassischen – geschmacklosen – amerikanischen „Refill“ in unbegrenzter Menge anbot, stehen heute ganz selbstverständlich Espresso und Cappuccino, Eiskaffee und die verrücktesten neuen Kaffeekreationen auf der Getränkekarte. Wie wäre es mit einem mit Minzsirup aromatisierten Kaffee?

Auch bei uns sind solche Coffeeshops ungemein trendy. Man trifft sich an der Bar auf einen schnellen Kaffee, auf einen italienischen Espresso oder einen französischen Café au lait. Man legt gemeinsam mit Freunden eine Pause bei Sandwich oder Salat, Burger oder Bagel ein. Und natürlich bei einem großen Kaffee, am liebsten aufgepeppt mit einem Aroma nach Wahl.
Glücklicherweise existieren aber auch immer noch die gemütlichen Kaffeehäuser, in denen sich bestens ausspannen lässt, mit einer guten Tasse Kaffee vor sich, mit einem leckeren Stück Torte und der aktuellen Tageszeitung.

Kaffee, Caffè, Café oder Coffee – Muntermacher international

Brauner • typisch fürs Wiener Kaffeehaus; ein schwarzer Kaffee (Mokka oder Espresso) mit Milch oder flüssiger Sahne.

Café au lait • unverzichtbar zum frischen Croissant. Fein gemahlener Kaffee wird als Filterkaffee zubereitet und mit heißer Milch in den typischen „Bol“, eine henkellose Schale, gegossen. In der deutschsprachigen Schweiz heißt er „Schale“, wird aber in der Tasse serviert.

Café cortado • Spaniens Liebling – ein kleiner starker Kaffee oder Espresso, der mit wenig heißer Milch aufgefüllt in einer kleinen Espressotasse oder im kleinen Glas serviert wird.

Caffè corto • nur kurz gebrühter Espresso, besonders kräftig. Ähnelt dem Caffè ristretto.

Caffè latte • italienischer Milchkaffee, bestehend aus Espresso und reichlich heißer Milch. Espresso wird in ein hohes Glas gefüllt und darüber kommt aufgeschäumte Milch.

Caffè ristretto / Espresso ristretto • kleiner, sehr starker Espresso, der mit 7–7,5 Gramm Espressopulver und nur 30 Millilitern Wasser zubereitet wird (beim klassischen Espresso sind es 60 Milliliter).

Capo • schwarzer Kaffee mit Milch, kommt dunkelbraun daher und zwar in einer kleinen Schale – zumindest im traditionellen Wiener Kaffeehaus.

Cappuccino • etwa ein Drittel Espresso und zwei Drittel heiße aufgeschäumte Milch – so gegen 10 Uhr morgens genießen die Italiener diese Spezialität. Nur echt mit der bräunlichen Haube, entstanden durch die „crema" vom Espresso und nicht durch aufgestreutes Kakaopulver. Jeder gibt nach Geschmack Zucker hinein, der nur vorsichtig untergerührt wird, damit sich der Schaum nicht in Luft auflöst.

Coffee on the rocks • 2 Eiswürfel und 1–2 Esslöffel Zucker in einem Whiskeyglas werden mit heißem Espresso aufgefüllt.

Carajillo • spanischer Kaffee mit Brandy.

Einspänner • kleiner, starker Mokka mit einer dicken Haube aus süßer geschlagener Sahne. Wird stilecht im dicken hohen Henkelglas serviert.

Entkoffeinierter Kaffee • Kaffee, dem mittels Wasserdampf oder Lösungsmittel das Koffein weitgehend entzogen wurde – er darf nur 0,1 Prozent Koffein enthalten.

Espresso • eine starke Sache und typisch italienisch! Je weiter man nach Süden kommt, desto stärker und kürzer wird er. Echt ist er nur, wenn die „crema“, ein zartes mittelbraunes Schaumhäubchen, das tiefe Schwarz krönt. Das aber gelingt nur mit dem richtigen Pulver und einer guten Maschine. Für Espresso werden die Kaffeebohnen besonders stark und dunkel geröstet, und die Maschinen müssen das Wasser mit hohem Druck blitzschnell durch das Pulver befördern. Ein großer Teil der Reizstoffe bleibt dabei auf der Strecke, deshalb ist Espresso bekömmlicher als Filterkaffee.

Espresso con panna • klassischer Espresso mit einer kleinen Haube aus geschlagener Sahne.

Espresso corretto • Espresso, mit Likör oder einem Schuss Grappa oder Weinbrand „korrigiert“.

Espresso doppio • doppelter Espresso.

Espresso macchiato • „gefleckter“ Espresso, mit ganz wenig aufgeschäumter Milch gekrönt. Kommt mehr aufgeschäumte Milch hinzu, wird ein klassischer Cappuccino daraus.

Espresso romano • mit etwas Limettenschale verfeinerter Espresso. Erinnert an den brasilianischen „cafezinho“, eine kleine Tasse starken, dunkel gerösteten Kaffees.

Fiaker • Einspänner mit einem Schuss Kirschwasser, manchmal auch mit Rum oder Himbeergeist.

Flavoured coffee • trendy und nur für den, der's mag – Kaffee „mit Geschmack“, mittels Sirup zugefügt.

Franziskaner • Kaffee mit viel flüssiger Sahne. Er kommt hellbraun daher und erinnert an die Farbe der Kutte von Franziskaner-Mönchen.

Iced cappuccino • Cappuccino auf Eiswürfeln.

Iced coffee • dafür wird ein Glas mit Eiswürfeln zur Hälfte mit kaltem Kaffee gefüllt, dann mit kalter Milch aufgegossen, mit Zucker und Vanille abgeschmeckt und eventuell mit geschlagener Sahne gekrönt.

Kaffee Creme • Mokka, im Kännchen serviert. Separat dazu wird ein Kännchen flüssige Kaffeesahne gereicht.

Kaffee verkehrt • viel heiße Milch, etwas Filterkaffee – leicht und bekömmlich. In der französisch sprechenden Schweiz z.B. heißt er „Renversé".

Kapuziner • starker Kaffee oder Mokka mit so viel flüssiger Sahne (Obers), dass er die Farbe einer Kapuzinerkutte bekommt. Dunkler als ein „Franziskaner".

Konsul • schwarzer Kaffee mit etwas flüssiger Sahne.

Latte macchiato • quasi das Gegenteil vom Espresso macchiato. Heiße aufgeschäumte Milch wird in ein hohes Glas gefüllt und dann mit frisch gekochtem Espresso übergossen.

Mocchacino • Espresso, heiße Milch oder Schokolade, gekrönt mit aufgeschäumter Milch oder Sahne. Die Zubereitung kann sehr unterschiedlich sein.

Mokka • war ursprünglich eine hochwertige Kaffeesorte mit kleinen Bohnen aus dem Hochland Äthiopiens. Diese Bohnen wurden vom jemenitischen Hafen Mocha (am Roten Meer gelegen) aus verschifft – daher leitet sich sein Name ab. Heute versteht man darunter meist schwarzen Kaffee, mit der Espressomaschine zubereitet, und zwar mit 6–8 Gramm Kaffeepulver für etwa 50 Milliliter Wasser beim kleinen Mokka, und mit 12–14 Gramm für 100 Milliliter beim großen Mokka. Obenauf darf die Creme nicht fehlen, die bräunliche, ganz leicht schaumige Schicht auf dem Kaffee (wie die „crema" beim Espresso).

Schümli • trinkt man in der Schweiz. Hell gerösteter Bohnenkaffee wird frisch gemahlen und einzeln unter Druck gebrüht – ähnlich wie beim Espresso. Jede Tasse ist von etwas leichtem Schaum gekrönt – daher der Name.

Schwarzer • Wiener Mokka oder Espresso ohne Milch.

Türkischer Mokka • Überall im arabisch-türkischen Raum beliebt, wird im „Cezve" zubereitet, einem hohen Kupfer-, Messing- oder Edelstahlkännchen mit langem Stiel. Dazu werden pro Portion 1 gehäufter Teelöffel nur hell geröstetes, sehr fein gemahlenes Kaffeemehl (meist Arabica-Kaffee) zusammen mit der gewünschten Zuckermenge und 50 Millilitern Wasser in den Cezve gegeben. Man lässt alles bis zu dreimal aufwallen, nimmt das Kännchen zwischendurch von der Kochstelle und wartet kurz, bis sich der Schaum gesetzt hat. Dann lässt man eventuell den Kaffeesatz kurz absinken und gießt den Kaffee in winzige Tässchen. Nach Region und Geschmack kommen Gewürze wie Kardamom, Safran, Nelken oder Zimt hinzu. In Griechenland ist die Mokkazubereitung ebenfalls sehr von der türkischen Tradition geprägt.

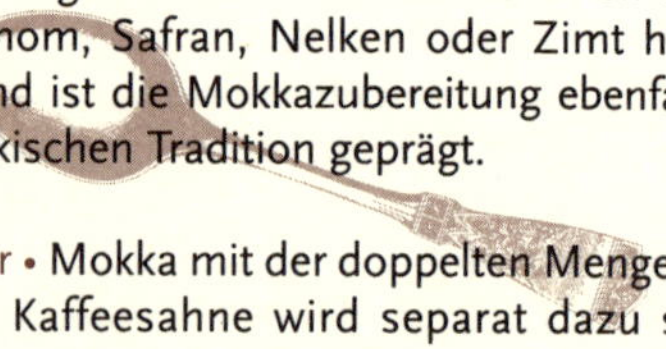

Verlängerter • Mokka mit der doppelten Menge Wasser zubereitet. Kaffeesahne wird separat dazu serviert.

Wiener Melange • Mokka oder starker Filterkaffee mit der gleichen Menge heißer Milch und einer Haube aus Milchschaum.

Tipps rund um den Kaffee

- Möglichst immer frisch zubereiten.
- Nicht warm halten, das verändert den Geschmack negativ.
- Nicht wieder aufwärmen.
- Nur kleine Mengen kaufen, die rasch verbraucht werden können.
- Möglichst ganze Bohnen kaufen und stets bei Bedarf frisch mahlen.
- Beim Kauf von gemahlenem Kaffee auf den geeigneten Mahlgrad achten. Grob gemahlener Kaffee eignet sich für den Kannenaufguss, mittelfein gemahlener Kaffee für Filterzubereitung, und ganz fein gemahlener Kaffee für die Zubereitung eines Mokkas oder Espressos.
- Vakuumversiegelte Packungen möglichst lange verschlossen lassen, so hält sich das Aroma monatelang. Sind die Packungen aber geöffnet, sollten sie rasch verbraucht werden.
- Kaffeebohnen ebenso wie Kaffeepulver stets gut verschlossen aufbewahren, sonst geht Aroma verloren.
- Kaffeepulver gut gekühlt aufbewahren, am besten im Kühlschrank. Bei längerer Lagerdauer einfrieren, damit das im Kaffeemehl enthaltene Fett nicht ranzig wird.
- Stets ein Glas Wasser zum Kaffee trinken. Coffein schwemmt Wasser aus, darum macht Kaffeegenuss auch immer durstig.

Typisches Gebäck zum Kaffee

Cantuccini

200 g Mandeln, 500 g Mehl,
1 1/2 TL Backpulver, 1 Prise Salz,
200 g Zucker, 4 Eier, 1 Eigelb,
abgeriebene Schale und Saft von
1 unbehandelten Orange,
1 Prise gemahlener Safran
Außerdem: Mehl zum Bearbeiten,
1 Eigelb zum Bestreichen

Die Mandeln in einer Pfanne ohne Zugabe von Fett leicht anrösten. Abkühlen lassen.
In einer Schüssel das Mehl mit Backpulver, Salz und Zucker mischen. Eier, Eigelb und Orangenschale dazugeben. Den Safran mit 1 Esslöffel Orangensaft verrühren und ebenfalls untermischen. Alles zu einem geschmeidigen Teig verkneten. Zugedeckt 30 Minuten ruhen lassen.
Den Backofen auf 175 °C vorheizen. Ein Backblech mit Backpapier auslegen. Mit bemehlten Händen die Mandeln unter den Teig kneten. Aus dem Teig 2 Rollen (etwa 4 Zentimeter dick) formen, etwas flach drücken und auf das Blech legen.
Das Eigelb mit 1 Esslöffel Wasser verquirlen und die Rollen damit bestreichen. Im Backofen etwa 40 Minuten goldbraun backen, zwischendurch mit dem restlichen Orangensaft einpinseln.
Die Rollen aus dem Ofen nehmen und schräg in ca. 1 Zentimeter dicke Scheiben schneiden. Flach auf das Blech legen und noch einige Minuten im Ofen rösten.

Amaretti

250 g Puderzucker, 250 g geschälte gemahlene Mandeln, 1 Prise Zimtpulver, 1 EL Mehl, 3 Eiweiß, 1/4 TL unbehandelte Zitronenschale, einige Tropfen Bittermandelöl

Den Backofen auf 175 °C vorheizen. Zwei Backbleche mit Backpapier auslegen. Den Puderzucker in eine Schüssel sieben und mit Mandeln, Zimt und Mehl mischen. Die Eiweiße in einer zweiten großen Schüssel leicht schaumig schlagen, Zitronenschale unterrühren. Nach und nach die Mandelmischung, zuletzt auch das Bittermandelöl unterrühren.
Kleine Teighäufchen mit Abstand auf die Bleche setzen und die Plätzchen auf der mittleren Schiene im Ofen etwa 15 Minuten backen. Sofort auf ein Kuchengitter heben und auskühlen lassen.

Heidelbeer-Muffins

100 g weiche Butter, 175 g Zucker, 2 Eier, 1 TL gemahlene Vanille, 1 Prise Salz, 250 g Mehl, 2 TL Backpulver, 150 g Buttermilch, 200 g kleine Heidelbeeren (frisch oder TK)
Außerdem: Butter für die Form

Ein Muffin-Blech mit 12 Vertiefungen sorgfältig einfetten. Die Butter und den Zucker cremig aufschlagen.

Eier, Vanille und Salz unterrühren. Das Mehl mit dem Backpulver mischen und abwechselnd mit der Buttermilch unter den Teig rühren.
Den Backofen auf 175 °C vorheizen. Die Heidelbeeren verlesen, waschen, trockentupfen und vorsichtig unter den Teig heben. Tiefgefrorene Beeren unaufgetaut unterarbeiten. Den Teig in die vorbereiteten Förmchen geben. Im vorgeheizten Ofen etwa 35 Minuten backen.

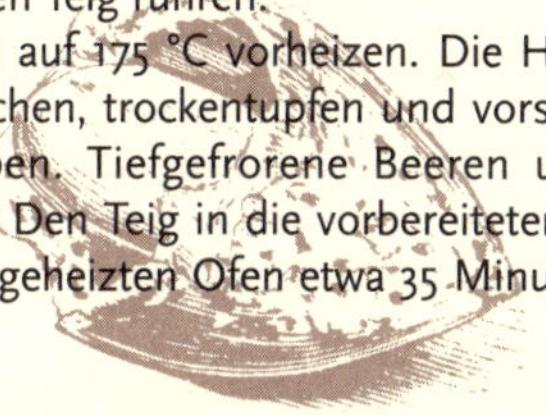

Buttermilch-Scones

250 g Mehl, 1 1/2 TL Backpulver,
1/2 TL Salz, 4 EL Zucker, 50 g weiche Butter,
1 Ei, 100 g Buttermilch
Außerdem: Mehl zum Bearbeiten

Den Backofen auf 200 °C vorheizen. Ein Backblech mit Backpapier auslegen. In einer Schüssel das Mehl mit Backpulver, Salz und Zucker vermischen. Nacheinander Butter, Ei und Buttermilch unterrühren und alles zu einem recht weichen Teig verarbeiten.
Auf einer gut bemehlten Arbeitsfläche zu einer knapp 2 Zentimeter dicken Platte formen. Gut 6 Zentimeter große Kreise daraus ausstechen und mit Abstand auf das Blech setzen. Teigreste verkneten, erneut ausrollen und ebenfalls Kreise ausstechen. Die Scones im vorgeheizten Ofen in knapp 20 Minuten goldbraun backen. Am besten noch lauwarm servieren.

Donuts

50 g weiche Butter, 3 Eier, 150 g Zucker,
200 ml Milch, 1 TL gemahlene Vanille,
1 Prise Salz, 1 Prise frisch geriebene Muskatnuss,
1 Päckchen Backpulver, 630 g Mehl
Außerdem: Mehl zum Bearbeiten,
Öl zum Ausbacken, Zucker zum Wenden

Butter mit Eiern und Zucker cremig schlagen. Milch, Vanille, Salz und Muskat unterrühren. Mit Backpulver vermischtes Mehl nach und nach in den Teig einarbeiten. Auf einer bemehlten Arbeitsfläche etwa 1 Zentimeter dick ausrollen. Mit einem Glas etwa 7 Zentimeter große Kreise ausstechen, in der Mitte jeweils einen etwa 3 Zentimeter großen Kreis ausstechen, sodass Ringe entstehen.
Reichlich Öl zum Ausbacken auf etwa 180 °C erhitzen. Die Donuts darin portionsweise rundherum goldbraun frittieren, dabei eventuell das Loch in der Mitte mit einem Kochlöffelstiel nachformen. Mit einer Schaumkelle herausheben und auf Küchenpapier gut abtropfen lassen. In Zucker wenden und sofort servieren.

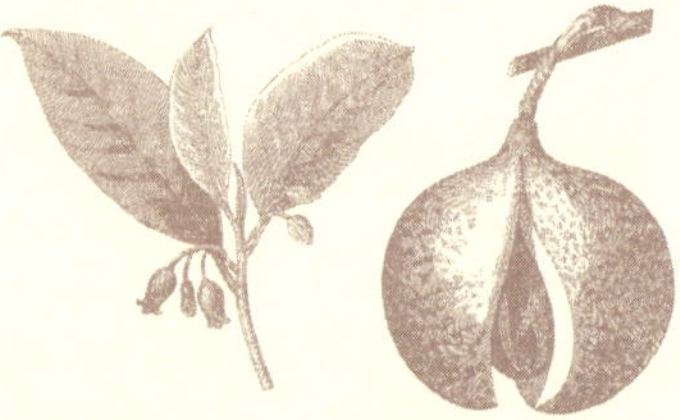

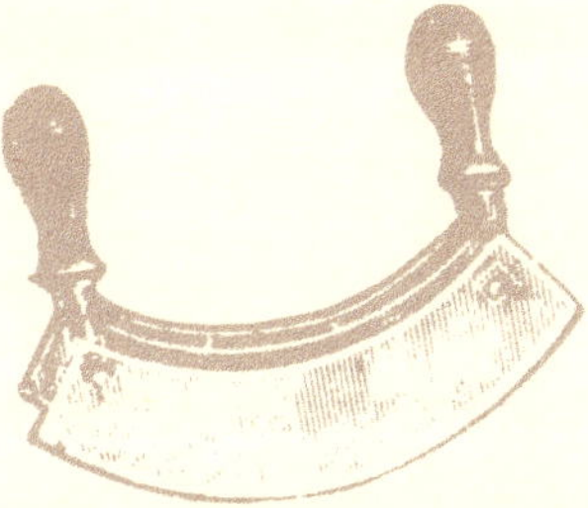

Amerikanische Cookies

125 g weiche Butter, 70 g weißer Zucker,
70 g brauner Zucker, 1/4 TL Salz,
1/2 TL gemahlene Vanille, 1 Ei, 1 TL Backpulver,
150 g Mehl, 75 g Walnusskerne,
100 g Schokoladenchips oder gehackte
Zartbitterschokolade

Den Backofen auf 200 °C vorheizen. Zwei Backbleche mit Backpapier auslegen. Die Butter mit den beiden Zuckersorten, Salz und Vanille cremig schlagen. Nacheinander Ei und mit Backpulver vermischtes Mehl unterrühren. Die Nüsse hacken und mit den Schokoladenchips bzw. der gehackten Zartbitterschokolade gleichmäßig unter den Teig rühren.
Jeweils 1 knappen Esslöffel Teig mit ausreichend Abstand zueinander auf die Bleche setzen. Die Plätzchen im vorgeheizten Backofen etwa 10 Minuten backen, danach auf einem Kuchengitter auskühlen lassen.

Türkische Sirup-Bällchen

500 g griechischer oder türkischer
milder Frischkäse (ersatzweise Schichtkäse),
3 Eier, 1 Päckchen Vanillezucker,
1 Msp. Zimtpulver, 200 g Mehl,
2 TL Backpulver
Für den Sirup: 500 g Zucker,
Saft von 1 Zitrone oder Orange

Den Frischkäse in einem Sieb gut abtropfen lassen. Den Backofen auf 175 °C vorheizen, zwei Backbleche mit Backpapier auslegen.
Den Frischkäse mit den Eiern, dem Vanillezucker und dem Zimt verrühren. Das Mehl mit dem Backpulver mischen und unterrühren.
Aus dem Teig mit zwei Teelöffeln kleine Häufchen mit Abstand auf die Bleche setzen. In den vorgeheizten Ofen schieben und in etwa 20 Minuten goldbraun backen. Herausnehmen und abkühlen lassen.
Für den Sirup Zucker, 1/2 Liter Wasser und Zitronen- oder Orangensaft in einem breiten Topf aufkochen. Bei mittlerer Hitze etwa 15 Minuten sirupartig einkochen. Etwas abkühlen lassen.
Die Teigbällchen mit einem Holzstäbchen mehrmals einstechen, in dem Sirup wenden. Zugedeckt mindestens 30 Minuten ziehen lassen.

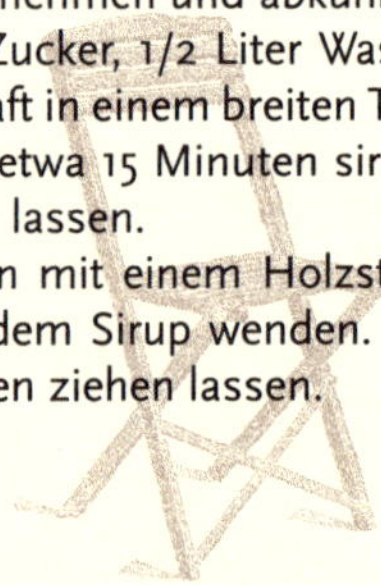

Spanische Churros

Die Spanier genießen dieses frittierte Brandteiggebäck zum Frühstück.

30 g weiche Butter, 1 Prise Salz, 2 EL Zucker,
250 g Mehl, 2 Eier, Öl zum Ausbacken,
evtl. Puderzucker zum Bestäuben

1/4 Liter Wasser mit Butter, Salz und Zucker in einem Topf zum Kochen bringen. Das Mehl hineinschütten und alles gut verrühren, bis sich der Teig zum Kloß formt und vom Topfboden löst. Den Topf von der Kochstelle ziehen, nacheinander mit dem Kochlöffel die beiden Eier in den Teig einarbeiten.
Zum Ausbacken reichlich Öl auf 180 °C erhitzen. Den Teig in einen Spritzbeutel mit großer Sterntülle füllen. Kringel oder Streifen auf Backpapier spritzen. Portionsweise in das heiße Öl geben und goldgelb ausbacken. Mit einer Schaumkelle herausheben und auf Küchenpapier abtropfen lassen, nach Belieben in Stücke schneiden und mit Puderzucker bestäuben.

Croissants

1/2 Würfel frische Hefe (21 g),
1/4 l lauwarme Milch, 500 g Mehl,
2 EL Zucker, 1/2 TL Salz, 2 Eier,
250 g zimmerwarme Butter
Außerdem: Mehl zum Bearbeiten,
1 Eigelb zum Besteichen

Die Hefe in eine Schüssel bröckeln und darin mit der Milch glatt rühren. Etwa 2 Esslöffel Mehl unterrühren, leicht mit etwas Mehl und Zucker bestreuen und zugedeckt etwa 15 Minuten ruhen lassen.
Übriges Mehl, restlichen Zucker, Salz sowie Eier dazugeben und alles zu einem geschmeidigen Teig verkneten. Zugedeckt bei Zimmertemperatur etwa 2 Stunden gehen lassen, danach sollte sich das Volumen verdoppelt haben.
Den Teig erneut durchkneten und zugedeckt in den Kühlschrank stellen, noch mindestens 2 Stunden (oder über Nacht) ruhen lassen.
Am nächsten Tag auf einer bemehlten Arbeitsfläche noch einmal durchkneten. Zu einem nicht zu dünnen Quadrat ausrollen. Mit Mehl bestäuben.
Die Butter quer halbieren, die Stücke dicht nebeneinander in die Mitte des Rechtecks legen. Die Teigecken über die Butter legen, so dass diese völlig zugedeckt ist. Leicht andrücken.
Den Teig erneut auf einer bemehlten Arbeitsfläche zu einem Rechteck ausrollen, dabei darauf achten, dass die Butter nicht herausquillt. Dafür mit gleichmäßigem

Druck arbeiten und abwechselnd von hinten nach vorn und dann von rechts nach links rollen.
Den Teig so falten, dass drei gleich große Lagen übereinander liegen. Das Ausrollen und Falten noch zweimal wiederholen – dabei stets ausreichend Mehl auf Teig und Arbeitsfläche geben. Zwischen jedem Ausrollen den Teig 15 Minuten im Kühlschrank ruhen lassen.
Den Teig zu einem etwa 30 x 50 Zentimeter großen Rechteck ausrollen, dieses quer halbieren, so dass 2 etwa 15 Zentimeter breite Streifen entstehen. Jeden Streifen in 6 Dreiecke (insgesamt 12 Stück) schneiden.
Die Dreiecke von der breiten Seite beginnend recht fest aufrollen und zu Hörnchen biegen. Mit der Spitze nach unten auf ein mit Backpapier belegtes Blech setzen und zugedeckt noch 20 Minuten gehen lassen.
Den Backofen auf 220 °C vorheizen. Die Croissants mit verquirltem Eigelb bestreichen und im Ofen in etwa 15 Minuten goldbraun backen.

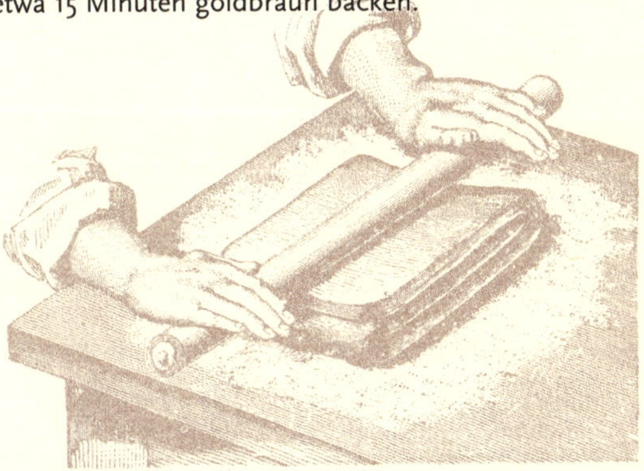

Panettone

Für eine Springform von 18–20 cm Durchmesser
1 Würfel frische Hefe (42 g), 150 ml lauwarme Milch,
1 TL Zucker, 400 g Mehl, 5 Eigelb, 1 Prise Salz,
150 g weiche Butter, 150 g getrocknete Früchte
(Rosinen, Datteln, Feigen, Zitronat, Orangeat),
50 g gehackte Mandeln
Außerdem: Butter und Mehl für die Form,
1 Eigelb zum Bestreichen,
Puderzucker zum Bestäuben

Aus Hefe, etwas Milch, Zucker und Mehl einen Vorteig rühren, einige Minuten gehen lassen. Restliche Milch, übriges Mehl, Eigelbe, Salz und Butter in einer Schüssel zu einem glatten Teig verkneten. Zugedeckt an einem mäßig warmen Ort etwa 1 Stunde gehen lassen.
Die Springform mit einem breiten Streifen Alufolie so auskleiden, dass sie einen 20 Zentimeter hohen Rand bekommt. Form und Folie gründlich einfetten und mit Mehl ausstreuen.
Die Trockenfrüchte klein würfeln und mit den Mandeln unterkneten. Den Teig in die vorbereitete Form geben und zugedeckt weitere 30 Minuten gehen lassen.
Backofen auf 200 °C vorheizen. Eigelb mit 1 Esslöffel Wasser verquirlen und den Kuchen damit bestreichen. Im Ofen auf der untersten Schiene in etwa 45 Minuten goldbraun backen. 20 Minuten in der Form abkühlen lassen, dann vorsichtig herauslösen und auf einem Kuchengitter unter einem Tuch vollständig auskühlen lassen. Zum Servieren mit Puderzucker bestäuben.

Gugelhupf

150 g Rosinen, 6 EL Rum oder Orangensaft,
500 g Mehl, 1 Würfel Hefe (42 g),
1/8 l lauwarme Milch, 100 g Zucker, 1 Prise Salz,
4 Eier, 200 g weiche Butter,
100 g grob gehackte geschälte Mandeln
Außerdem: Weiche Butter und etwas Mehl
für die Form, Puderzucker zum Bestäuben

Eine Gugelhupf-Form gründlich fetten und mit Mehl ausstreuen. Die Rosinen heiß abspülen, trockentupfen und in Rum oder Orangensaft marinieren.
Das Mehl in eine Schüssel geben, in der Mitte eine Mulde eindrücken und die Hefe hineinbröckeln. Mit etwas Milch und Zucker verrühren, leicht mit Mehl bestäuben und zugedeckt 10 Minuten ruhen lassen. Die restliche Milch, den übrigen Zucker, Salz, Eier und Butter dazugeben, alles mit den Knethaken des elektrischen Handrührers auf höchster Stufe zu einem geschmeidigen Teig verkneten. Zugedeckt an einem warmen Ort mindestens 1 Stunde gehen lassen.

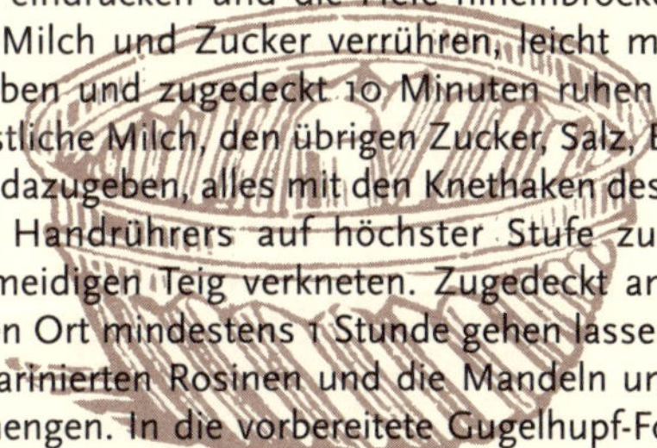

Die marinierten Rosinen und die Mandeln unter den Teig mengen. In die vorbereitete Gugelhupf-Form füllen und zugedeckt an einem warmen Ort nochmals 30–40 Minuten gehen lassen.
Inzwischen den Backofen auf 175 °C vorheizen. Den Gugelhupf in den vorgeheizten Ofen schieben und etwa 60 Minuten backen. Einige Minuten in der Form ruhen lassen, auf ein Gitter stürzen und mit etwas Puderzucker bestäuben.

Linzer Torte

Für eine Springform von 26 cm Durchmesser
100 g geschälte, gemahlene Mandeln,
150 g Mehl, 3 Eigelb, 150 g kalte Butter,
Saft und Schale von 1/2 unbehandelte Zitrone,
je 1 Prise Zucker, Salz,
Nelkenpulver und Zimtpulver,
225 g Himbeerkonfitüre oder Johannisbeergelee
Außerdem: Butter für die Form, Mehl zum Ausrollen

Die Mandeln mit dem Mehl vermischen. Mit 2 Eigelben, in Stücke geschnittener Butter, Zitronensaft und -schale, Zucker, Salz und den Gewürzen schnell zu einem glatten Teig verkneten. Zur Kugel formen, in Folie wickeln und mindestens 2 Stunden kalt stellen.

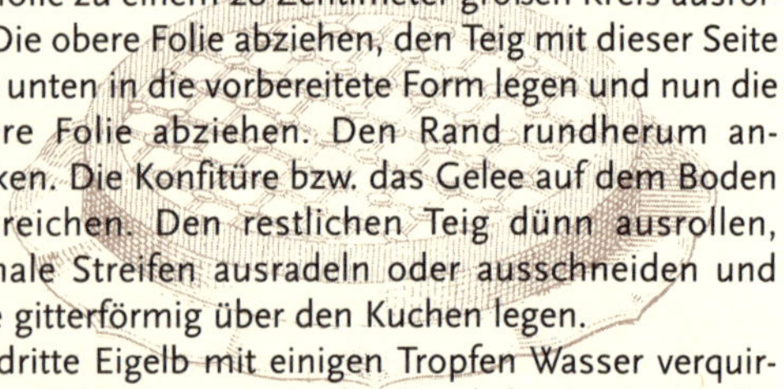

Den Backofen auf 200 °C vorheizen. Den Boden der Springform einfetten. Auf einer bemehlten Arbeitsfläche zwei Drittel des Teigs zwischen zwei Lagen Klarsichtfolie zu einem 28 Zentimeter großen Kreis ausrollen. Die obere Folie abziehen, den Teig mit dieser Seite nach unten in die vorbereitete Form legen und nun die andere Folie abziehen. Den Rand rundherum andrücken. Die Konfitüre bzw. das Gelee auf dem Boden verstreichen. Den restlichen Teig dünn ausrollen, schmale Streifen ausradeln oder ausschneiden und diese gitterförmig über den Kuchen legen.
Das dritte Eigelb mit einigen Tropfen Wasser verquirlen und Teiggitter sowie den Rand damit einpinseln. Im vorgeheizten Ofen auf der mittleren Schiene knapp 40 Minuten backen.

Engadiner Nusstorte

Für eine Springform von 24 cm Durchmesser
Für den Teig: 300 g Mehl, 150 g kalte Butter,
75 g Zucker, 1 Prise Salz, 1 Ei
Für den Belag: 300 g Walnusskerne, 2 EL Butter,
200 g Zucker, 3 EL Honig, 1/4 l Sahne
Außerdem: 1 Eigelb zum Bestreichen

Für den Teig alle Zutaten rasch verkneten. Zur Kugel formen, in Folie wickeln und mindestens 30 Minuten kalt stellen. Inzwischen für den Belag die Nüsse grob hacken. Die Butter in einem Topf zerlassen, den Zucker zugeben und bei mittlerer Hitze goldbraun karamellisieren lassen. Erst den Honig, dann langsam die Sahne zugeben. Zuletzt die Nüsse unterrühren. Einmal aufkochen, dann abkühlen lassen.

Den Backofen auf 200 °C vorheizen. Springform einfetten. Gut die Hälfte des Teigs zwischen zwei Lagen Klarsichtfolie zu einem etwa 30 Zentimeter großen Kreis ausrollen. Ohne Folie in die Form heben, einen etwa 5 Zentimeter hohen Rand hochziehen. Die Nussmasse auf dem Teig verstreichen und den überstehenden Mürbeteigrand nach innen klappen.

Den restlichen Teig zu einem 24 Zentimeter großen Kreis ausrollen. Den Mürbeteigrand auf der Nussfüllung mit verquirltem Eigelb bestreichen, die Teigplatte darauf legen und rundherum andrücken. Den Teig ebenfalls mit verquirltem Eigelb bestreichen und mit einer Gabel ein Wellenmuster einritzen. Die Torte im vorgeheizten Ofen etwa 40 Minuten backen.

Französische Apfeltarte

Für eine Tarteform von 24 cm Durchmesser
Für den Teig: 100 g Mehl, 1 Eigelb,
50 g kalte Butter, 30 g Puderzucker
Für den Belag: 3 kleine säuerliche Äpfel
(z.B. Boskop), 2 EL Zitronensaft, 3 EL Butter,
1 EL Zucker, 3 EL Pinienkerne
Außerdem: Butter für die Form

Die Zutaten für den Teig rasch verkneten, dabei eventuell noch einige Tropfen kaltes Wasser dazugeben. Zur Kugel formen, in Folie wickeln und etwa 2 Stunden kalt stellen.
Den Backofen auf 175 °C vorheizen. Den Boden der Tarteform einfetten. Den Teig zwischen zwei Lagen Klarsichtfolie dünn ausrollen und ohne Folie in die Form heben. Einen schmalen Rand hochdrücken. Den Boden mit einer Gabel mehrmals einstechen. In den vorgeheizten Ofen schieben und in knapp 15 Minuten goldgelb backen.
Inzwischen für den Belag die Äpfel vierteln, schälen und vom Kerngehäuse befreien. In Spalten schneiden, dann sofort mit Zitronensaft beträufeln. Die Butter in einem Topf schmelzen lassen.

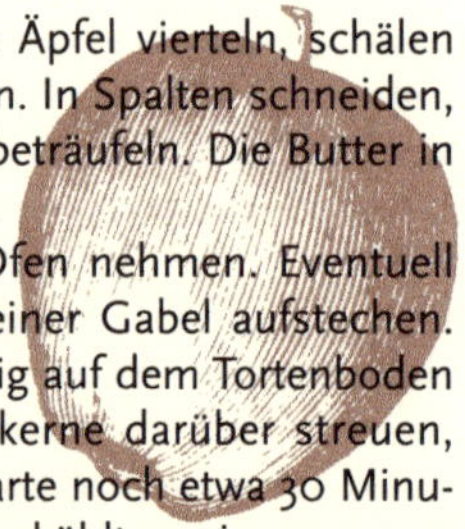

Den Tortenboden aus dem Ofen nehmen. Eventuell entstandene Teigblasen mit einer Gabel aufstechen. Die Apfelspalten strahlenförmig auf dem Tortenboden auslegen, Zucker und Pinienkerne darüber streuen, Butter darüber träufeln. Die Tarte noch etwa 30 Minuten backen. Lauwarm oder abgekühlt servieren.

Tiroler Apfelstrudel

Für den Teig: 250 g Mehl, 1 Ei, 1 Prise Salz,
2 EL Öl, 100 ml lauwarmes Wasser
Für die Füllung: 1,5 kg säuerliche Äpfel (z.B. Boskop),
Saft von 1–2 Zitronen, 200 g Amaretti oder
Löffelbiskuits, 100 g zerlassene Butter, 75 g Zucker,
100 g Pinienkerne oder Mandelstifte,
1 EL Vanillezucker, 1 TL Zimtpulver
Außerdem: Mehl zum Bearbeiten, evtl. Butter für
das Blech, Puderzucker zum Bestäuben

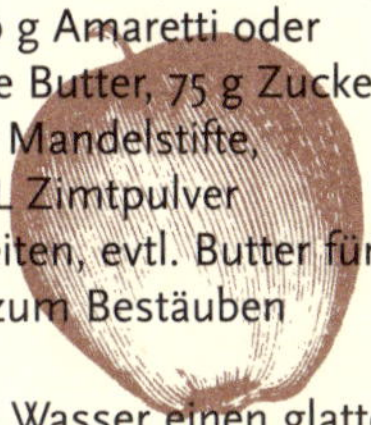

Aus Mehl, Ei, Salz, Öl und dem Wasser einen glatten, elastischen Strudelteig kneten. Dabei eventuell noch einige Tropfen Wasser oder etwas Mehl dazugeben, der Teig darf nicht klebrig werden. Zur Kugel formen und in Klarsichtfolie gehüllt mindestens 1/2 Stunde ruhen lassen.

Inzwischen für die Füllung die Äpfel vierteln, schälen, vom Kerngehäuse befreien, in dünne Spalten schneiden und sofort in Zitronensaft wenden. Amaretti oder Löffelbiskuits zerbröseln.

Den Backofen auf 200 °C vorheizen. Den Teig zuerst auf einer ganz leicht bemehlten Arbeitsfläche ausrollen, dann auf ein leicht bemehltes Küchentuch heben und hauchdünn ausziehen. Mit der Hälfte der zerlassenen Butter bestreichen und mit Amaretti- oder Löffelbiskuitbrösel bestreuen.

Die Äpfel abtropfen lassen und gleichmäßig auf dem Teig verteilen. Zucker, Pinienkerne oder Mandelstifte, Vanillezucker und Zimt mischen und darüber streuen.

Den Strudel mit Hilfe des Tuchs aufrollen, dabei die seitlichen Teigränder einschlagen. Auf ein mit Backpapier belegtes oder gefettetes Backblech heben und mit der restlichen zerlassenen Butter bestreichen. In den vorgeheizten Backofen schieben und etwa 45 Minuten backen. Herausnehmen, mit Puderzucker bestäuben und servieren. Vanilleeis oder Vanillesauce dazu reichen.

Sachertorte

Von Wien aus hat die Sachertorte ihren Siegeszug rund um den Erdball angetreten. Auch heute noch wird die schlichte und doch so edle Schokoladentorte vom berühmten Hotel Sacher aus in die ganze Welt verschickt. Ein Kochlehrling mit dem heute so bekannten Namen Sacher hat das Meisterstück im Jahre 1832 für den Fürsten Metternich kreiert, als Belohnung wurde er von diesem zum Küchenchef befördert. Später vermachte er das Rezept seinem Sohn Eduard, dem Gründer des Hotels.

Für eine Springform von 26 cm Durchmesser
300 g dunkle Kuvertüre, 6 Eier,
175 g weiche Butter, 175 g Puderzucker,
1 EL Kakaopulver, 150 g Mehl,
75 g gemahlene Mandeln,
225 g Aprikosenkonfitüre
Außerdem: Butter und Mehl für die Form

Den Backofen auf 175 °C vorheizen. Springform gründlich einfetten und mit Mehl ausstreuen. 100 Gramm Kuvertüre grob hacken, im warmen Wasserbad schmelzen und leicht abkühlen lassen.
Die Eier trennen, die Eiweiße zu steifem Schnee schlagen und kalt stellen. Die Eigelbe mit Butter und Puderzucker dickcremig aufschlagen. Die geschmolzene, leicht abgekühlte Kuvertüre nach und nach unter die Eiercreme rühren. Kakaopulver, Mehl sowie Mandeln mischen und unter den Teig ziehen. Dann den Eischnee darauf setzen und vorsichtig unterheben. Den Teig sofort in die vorbereitete Form füllen und den Kuchen im vorgeheizten Backofen etwa 50 Minuten backen. Den fertigen Kuchen etwas abkühlen lassen, dann aus der Form auf ein Kuchengitter stürzen und auskühlen lassen.

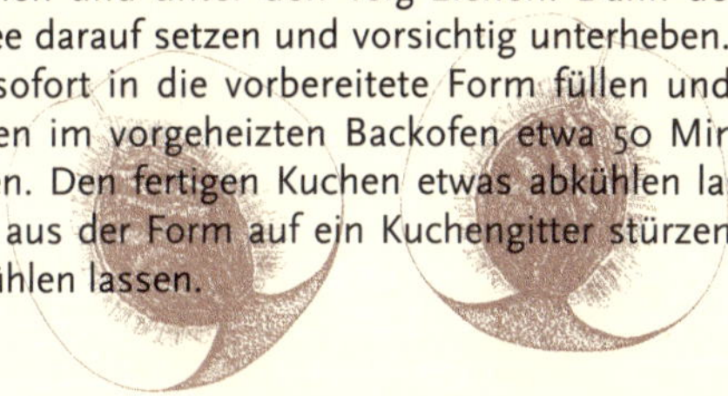

Die Konfitüre in einem kleinen Topf erhitzen und den Kuchen damit rundherum einpinseln. Erkalten lassen. Zuletzt die übrige Kuvertüre hacken und im warmen Wasserbad schmelzen. Unter gelegentlichem Rühren fast wieder erstarren lassen, dann bei milder Hitze im Wasserbad erneut schmelzen (dadurch wird die Kuvertüre „temperiert“, damit sie später schön glänzt). Auf die Torte geben und mit einer erwärmten Palette gleichmäßig verstreichen, dabei auch die Seiten der Torte mit Kuvertüre überziehen. Mit der Palette Tortenstücke auf der Oberfläche markieren, damit sich der Kuchen später leichter schneiden lässt. Die Kuvertüre erstarren lassen.

Schwarzwälder Kirschtorte

Für eine Springform von 26 cm Durchmesser
Für den Teig: 4 Eier, 120 g Zucker,
4–5 Esslöffel lauwarmes Wasser,
40 g Mehl, 40 g Kakaopulver,
1 TL Backpulver, 60 g Speisestärke,
Für die Füllung: 700 g entsteinte
Sauerkirschen (aus dem Glas)
1 Zimtstange, 50 ml Kirschwasser,
600 ml Sahne, 2 Päckchen Vanillezucker,
50 g dunkle Kuvertüre

Für den Teig den Backofen auf 200 °C vorheizen. Den Boden der Springform mit Backpapier auslegen. Die Eier trennen, die Eiweiße zu steifem Schnee schlagen, dabei etwa die Hälfte des Zuckers einrieseln lassen. Die Eigelbe zusammen mit dem restlichen Zucker und dem lauwarmen Wasser sehr schaumig schlagen. Den Eischnee darauf setzen. Das Mehl mit Kakaopulver, Backpulver und 40 Gramm Speisestärke mischen, über den Eischnee streuen und vorsichtig mit einem Schneebesen untermengen. Sofort in die vorbereitete Form füllen und glatt streichen. In den vorgeheizten Ofen schieben und auf der mittleren Schiene etwa 30 Minuten backen. Auf einen Kuchenrost stürzen und auskühlen lassen.

Nach dem Auskühlen den Tortenboden in drei Böden teilen: dafür rundherum zweimal leicht einschneiden. An den Einkerbungen jeweils einen langen Faden ansetzen, vorn kreuzen und durch den Boden ziehen.
Für die Füllung die Kirschen gut abtropfen lassen. 1/4 Liter Saft abmessen und zusammen mit der Zimtstange in einem kleinen Topf aufkochen. Die restliche Speisestärke mit wenig Wasser glatt rühren und den Kirschsaft damit binden. Kurz durchkochen, einige Kirschen zum Garnieren beiseite legen und die übrigen unter den Kirschsaft rühren. Etwas abkühlen lassen, die Zimtstange herausnehmen.

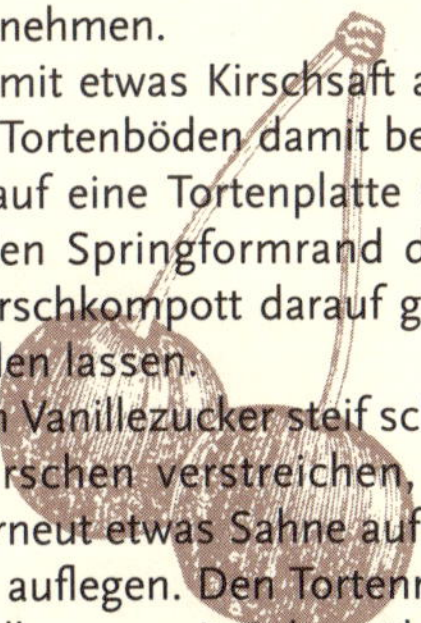

Das Kirschwasser mit etwas Kirschsaft aus dem Glas verrühren und die Tortenböden damit beträufeln. Den untersten Boden auf eine Tortenplatte setzen, einen Tortenring oder den Springformrand darum herum befestigen. Das Kirschkompott darauf geben und auf dem Boden abkühlen lassen.
Die Sahne mit dem Vanillezucker steif schlagen. Etwas Sahne auf den Kirschen verstreichen, den zweiten Boden auflegen. Erneut etwas Sahne aufstreichen und den letzten Boden auflegen. Den Tortenring entfernen und die Torte rundherum mit Sahne überziehen. Die Kuvertüre grob raspeln oder mit einem Sparschäler Späne davon abziehen. Die Torte mit den Raspeln bzw. Spänen und den beiseite gelegten Kirschen nach Belieben garnieren.

Den Schokoladenbiskuit können Sie bereits am Vortag backen. Füllen und zusammensetzen sollten Sie die Torte erst kurz vor dem Servieren.

Kuchen & Desserts mit Kaffee

Biskuit-Omeletts mit Cappuccinocreme

Für den Teig: 2 Eier, 75 g Zucker, 2 EL heißes Wasser, 60 g Mehl, 2 EL Speisestärke
Für die Creme: 3 Blatt weiße Gelatine, 75 ml Milch, 50 ml Espresso, 2 Eigelb, 40 g Zucker, 1 Prise Zimtpulver, 100 ml Sahne
Außerdem: Zucker zum Bestreuen

Den Backofen auf 175 °C vorheizen. Auf Backpapier 6 Kreise mit je gut 10 Zentimetern Durchmesser aufzeichnen, umgedreht auf ein Backblech legen. Für den Teig die Eier trennen. Die Eiweiße steif schlagen, dabei die Hälfte des Zuckers einrieseln lassen. Die Eigelbe mit dem restlichen Zucker und dem heißen Wasser schaumig aufschlagen. Die Hälfte des Eischnees unterziehen. Den Rest darauf setzen. Mehl und Speisestärke mischen und darüber streuen, locker vermengen. Den Teig auf den vorgezeichneten Kreisen verstreichen und sofort im vorgeheizten Ofen etwa 10 Minuten backen, herausnehmen.
Die Teigkreise mit Zucker bestreuen. Ein Küchentuch darüber legen, Blech und Tuch umdrehen. Das Blech abheben, das Papier vorsichtig abziehen. Die Biskuitomeletts mit einem Kochlöffelstiel vorsichtig quer einkerben und zusammenklappen. Auf einem Kuchengitter auskühlen lassen.
Inzwischen für die Creme Gelatine nach Packungsanweisung in kaltem Wasser einweichen. Milch und Espresso zusammen erhitzen. Die Eigelbe mit Zucker und Zimt über einem warmen Wasserbad schaumig rühren. Nach und nach die Milch-Espresso-Mischung dazugeben und alles zu einer dicklichen Creme aufschlagen. Dann die Gelatine leicht ausdrücken und darin auflösen.
Die Capuccinocreme kalt stellen, bis sie zu gelieren beginnt. Die Sahne steif schlagen und unterheben, nochmals 1 Stunde kalt stellen. Die Creme in einen Spritzbeutel mit großer Sterntülle geben und die Biskuit-Omeletts damit füllen.

Kleine Espressotorte

Für eine Springform von 16 cm Durchmesser
Für den Teig: 2 kleine Eier,
1 Esslöffel warmes Wasser, 2 EL Zucker,
3 EL gemahlene Mandeln, 3 EL Mehl,
25 g zerlassene Butter
Für die Füllung: 2 Blatt weiße Gelatine,
4 EL heißer Espresso (oder sehr starker Kaffee),
250 g Mascarpone, 2 EL Zucker,
2 EL Kaffeelikör
Außerdem: Butter für die Form,
Kakaopulver zum Bestäuben

Den Backofen auf 200 °C vorheizen. Den Boden der Springform einfetten. Für den Teig die Eier trennen. Eigelbe mit warmem Wasser und Zucker cremig aufschlagen. Eiweiße zu steifem Schnee schlagen und auf die Eicreme setzen. Die Mandeln mit dem Mehl mischen und darüber streuen. Alles locker vermengen. Zuletzt die zerlassene Butter rasch unterrühren.
Den Teig in die vorbereitete Form füllen und im vorgeheizten Ofen in etwa 15 Minuten goldgelb backen. In der Form auf einem Rost auskühlen lassen.
Für die Füllung die Gelatine nach der Packungsanweisung in kaltem Wasser einweichen. Ausdrücken und im heißen Espresso auflösen, dann mit Mascarpone und Zucker verrühren. Die Creme etwa 1/2 Stunde kalt stellen, danach sollte sie zu gelieren beginnen.
Den Biskuit aus der Form lösen und quer halbieren. Die Böden mit Kaffeelikör beträufeln und mit etwas

Kaffeecreme dazwischen wieder zusammensetzen. Die Torte dann rundherum mit der Creme bestreichen und dünn mit Kakaopulver bestäuben.

Kaffee-Streuselkuchen

Für eine Springform von 24 cm Durchmesser
Für den Teig: 200 ml Milch, 1 EL Kaffeepulver,
60 g weiche Butter, 2 Eier, 100 g Zucker,
250 g Mehl, 2 TL Backpulver, 1 Prise Salz
Für die Streusel: 50 g Walnusskerne,
75 g brauner Zucker, 1/4 TL Zimtpulver,
40 g weiche Butter, 50 g Mehl
Außerdem: Butter für die Form

Für den Teig die Milch aufkochen, mit dem Kaffeepulver verrühren und wieder abkühlen lassen. Den Backofen auf 175 °C vorheizen. Die Springform gründlich einfetten. Die Butter mit Eiern und Zucker cremig schlagen. Mehl, Backpulver und Salz mischen, mit der Kaffeemilch unter die Eiercreme rühren. Den Teig in der Springform glatt streichen.
Für die Streusel die Walnüsse fein hacken, mit Zucker, Zimt, Butter und Mehl zu groben Streuseln vermengen. Über den Kuchen streuen und im vorgeheizten Ofen etwa 35 Minuten goldbraun backen.

Kleiner Kaffee-Birnen-Gugelhupf

Für eine kleine Gugelhupfform
(etwa 1 l Inhalt)
125 g weiche Butter, 75 g Zucker, 3 Eier,
125 g Mehl, 75 g Speisestärke, 1 EL Backpulver,
2 EL Kakaopulver, 3 EL Instantkaffee, 1 Birne,
2 EL Zitronensaft, 100 g dunkle Kuvertüre,
einige Tropfen heißes Wasser
Außerdem: Butter für die Form

Den Backofen auf 200 °C vorheizen. Die Gugelhupfform sorgfältig einfetten. Die Butter mit dem Zucker cremig schlagen, die Eier nach und nach unterrühren. Das Mehl mit Speisestärke, Backpulver, Kakao und 2 Esslöffeln Instantkaffee mischen und unter den Teig rühren.

Die Birne schälen, vierteln, vom Kerngehäuse befreien, klein würfeln, mit Zitronensaft beträufeln und unter den Teig rühren. In die vorbereitete Form füllen, glatt streichen und im vorgeheizten Backofen etwa 45 Minuten backen.

Die Kuvertüre hacken und schmelzen lassen. Den restlichen Instantkaffee in ein wenig Wasser auflösen und unter die Kuvertüre rühren. Etwas abkühlen lassen, nach Belieben über den Kuchen träufeln.

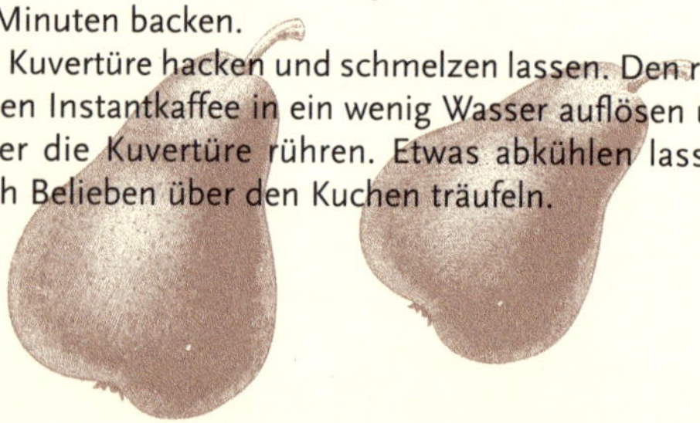

Mokka-Mandel-Waffeln

75 g weiche Butter, 2 Eier, 2 EL Zucker,
100 g Mehl, 1 TL Backpulver, 50 ml Sahne,
50 ml kalter Espresso (oder sehr starker Kaffee),
30 g gehobelte Mandeln
Außerdem: Fett für das Waffeleisen,
Puderzucker zum Bestäuben

Die Butter mit Eiern und Zucker gut cremig rühren. Das Mehl mit dem Backpulver mischen, zusammen mit der Sahne und dem Kaffee unter den Teig rühren. Zuletzt die Mandeln unterheben.
Das Waffeleisen aufheizen und einfetten. Ein Viertel des Teigs hineingeben und etwas verstreichen. Das Waffeleisen schließen und aus dem Teig eine goldgelbe Waffel backen. Nacheinander 3 weitere Waffeln fertigstellen. Noch warm mit Puderzucker bestäuben und sofort servieren.

Dazu geschlagene Sahne reichen, unter die geraspelte Schokolade und, sofern nicht für Kinder gedacht, ein wenig Kaffeelikör gerührt wurde. Oder: Mascarpone mit Zucker und Zitronensaft sowie -schale cremig rühren und zu den Waffeln servieren.

Mokka-Sabayon mit Orangen

2 Eigelb, 75 g Zucker,
50 ml starker Mokka,
100 ml Sahne, 2 EL Cream Sherry,
2 Orangen, 1 TL Butter,
1 EL Ahornsirup

Die Eigelbe mit dem Zucker in einer Schüssel schaumig rühren. Den Mokka dazugeben und alles über einem warmen Wasserbad dickschaumig aufschlagen. Vom Wasserbad nehmen und kaltrühren – das geht am besten auf einer mit Eiswürfeln gefüllten Schüssel. Die Sahne steif schlagen und unter die kalte Mokkacreme heben, mit dem Sherry verfeinern und bis zum Servieren kalt stellen.
Die Orangen filetieren, den Saft dabei auffangen. Butter und Ahornsirup in einer kleinen beschichteten Pfanne erwärmen und die Orangenfilets darin schwenken. Orangensaft angießen und alles auf Dessertteller verteilen. Das Sabayon darauf anrichten.

Mousse au café

100 g Zartbitterschokolade,
2 EL sehr starker Kaffee, 2 Eier, 3 EL Zucker,
2 EL heißes Wasser, 1/8 l Sahne,
1 TL Kakaopulver, 1 EL Schokoladenraspel

Die Zartbitterschokolade hacken und mit dem Kaffee in eine Schüssel geben. Über einen Topf mit leicht köchelndem Wasser stellen und die Schokolade unter häufigem Rühren darin schmelzen.
Die Eier trennen. Eigelbe mit Zucker und heißem Wasser mit dem elektrischen Handrührer cremig aufschlagen. Die geschmolzene Schokolade unterziehen. Eiweiße und Sahne getrennt steif schlagen. Beides nach und nach unter die Creme heben.
In eine Schüssel umfüllen und zugedeckt für mindestens 2 Stunden in den Kühlschrank stellen. Zum Servieren mit einem Esslöffel Nocken von der Mousse abstechen, auf Tellern anrichten und mit Kakao und Schokoladenraspeln bestreuen.

Tiramisu

2 Eigelb, 2 EL Zucker, 4 EL heißes Wasser, 250 g Mascarpone, 1 TL abgeriebene unbehandelte Zitronenschale, 80 ml Espresso (oder sehr starker Kaffee), 5 EL Amaretto, Weinbrand und/oder Kaffeelikör, 100 g Löffelbiskuits, Kakaopulver

In einer Schüssel Eigelbe, Zucker und heißes Wasser in etwa 5 Minuten dickcremig aufschlagen. Erst löffelweise den Mascarpone und dann die Zitronenschale unterrühren.
Den Espresso mit Amaretto, Weinbrand und/oder Kaffeelikör aromatisieren. Die Hälfte der Löffelbiskuits jeweils kurz in den Espresso tauchen und den Boden einer flachen Form damit auslegen.
Die Hälfte der Creme darauf verstreichen. Die übrigen Löffelbiskuits ebenfalls kurz in Espresso tauchen und darauf legen. Mit der restlichen Creme bedecken. Mindestens 3 Stunden zugedeckt in den Kühlschrank stellen. Vor dem Servieren dick mit Kakao bestäuben.

Toskanischer Kaffeeflan

400 ml Milch, 2 Eier, 4 Eigelb,
100 g Zucker,
100 ml heißer starker Espresso,
Puderzucker und Kakaopulver
zum Bestäuben

Den Backofen auf 150 °C vorheizen. Die Milch aufkochen lassen. Eier, Eigelbe und Zucker mit den Quirlen des elektrischen Handrührers cremig aufschlagen. Nach und nach den Espresso und die heiße Milch dazugießen. Dabei nur leicht rühren und die Mischung nicht zu schaumig schlagen. Die Creme in eine feuerfeste Schüssel umfüllen. Diese in eine etwas größere, ebenfalls feuerfeste Schüssel stellen. In die größere Schüssel so viel heißes Wasser gießen, dass dieses die gleiche Höhe erreicht wie die Eiercreme in der kleineren Schüssel. Den Flan im Ofen in etwa 60 Minuten stocken lassen. Stürzen, mit Puderzucker und Kakao bestäuben und servieren.

Kaffee-Schokoladen-Soufflé

80 g Zartbitterschokolade,
2 EL Instantkaffee, einige Tropfen heißes Wasser,
3 Eier, 1 EL warmes Wasser,
1 Päckchen Vanillezucker, 1 EL Mehl
Außerdem: Fett für die Förmchen,
Puderzucker zum Bestäuben

Den Backofen auf 175 °C vorheizen. 4 Souffléförmchen gründlich einfetten. Die Schokolade grob hacken und in einem warmen Wasserbad schmelzen lassen. Den Kaffee in ein wenig heißem Wasser auflösen und unter die Schokolade rühren.
Die Eier trennen. Eiweiße zu steifem Schnee schlagen und beiseite stellen. Eigelbe mit warmem Wasser und Vanillezucker cremig aufschlagen. Die geschmolzene Schokolade einrühren. Die Hälfte des Eischnees unterheben, den Rest darauf setzen. Mit dem Mehl bestreuen und alles vorsichtig vermengen.
Den Teig in die vorbereiteten Förmchen füllen und im Backofen etwa 25 Minuten backen. Mit Puderzucker bestäuben und sofort servieren.

Dazu cremige Vanillesauce oder cremig gerührtes Vanilleeis servieren.

Mokkatrüffel

150 g dunkle Kuvertüre,
50 g Kokosfett, 100 ml Sahne,
4 EL sehr starker Mokka,
100 g weiche Butter,
5–6 EL Kakaopulver

Die Kuvertüre und das Kokosfett hacken und mit der Sahne in einen kleinen Topf geben. Unter Rühren bei geringer Hitze schmelzen lassen, vom Herd nehmen, den Mokka unterrühren und abkühlen lassen. Die Butter cremig rühren, nach und nach die Schokoladenmasse unterziehen. Zugedeckt mindestens 2 Stunden kalt stellen.
Die Schokoladenmasse teelöffelweise aus der Schüssel nehmen und die Portionen zwischen den Händen rasch zu Kugeln rollen. Die Hände zwischendurch immer wieder unter kaltem Wasser kühlen. Die Kugeln sofort in Kakao wälzen. In kleine Papiermanschetten legen und kühl aufbewahren.

Die Trüffel stets gut gekühlt aufbewahren, sonst werden sie zu weich. Oder die Kugeln nach dem Formen nicht in Kakaopulver wenden, sondern in geschmolzene (nicht mehr heiße) Kuvertüre tauchen. Die weiche Trüffelmasse wird dadurch nach dem Abkühlen von einer festen Schokoladenschicht geschützt.

Espresso-Cappuccino-Gelee

Für das Gelee: 6 Blatt weiße Gelatine,
1/4 l heißer starker Espresso,
3 EL Puderzucker, 200 ml Sahne
Für die Sauce: 100 ml Sahne,
2 EL Puderzucker, 4 EL Amaretto

Für das Gelee einmal 2 Blatt und einmal 4 Blatt Gelatine getrennt nach Packungsanweisung in reichlich kaltem Wasser einweichen. Den Espresso mit dem Puderzucker verquirlen. 150 Milliliter Espresso abmessen und die 2 Blatt Gelatine darin auflösen.
Die übrige Gelatine im restlichen Espresso auflösen, die Sahne unterrühren, alles leicht schaumig rühren. Die beiden Espressomischungen abwechselnd in hohe Gläser schichten, dabei jede Schicht gelieren lassen, bevor die nächste eingefüllt wird. Mit einer dunklen Espressoschicht abschließen.
Für die Sauce die Sahne leicht cremig schlagen, mit Puderzucker sowie Amaretto verrühren und auf den Desserts servieren.

Mokka-Parfait

1/4 l Sahne, 4 Eigelb, 4 EL warmes Wasser,
60 g Puderzucker, 50 ml heißer starker Espresso,
200 g Sultaninen, 1/8 l trockener Sherry,
1 EL Zitronensaft

Die Sahne steif schlagen und kühl stellen. Die Eigelbe mit dem warmen Wasser und dem Puderzucker dickschaumig aufschlagen. Espresso unterrühren und zuletzt die Sahne unterheben.
Die Masse in eine gefrierbeständige Schüssel umfüllen und dann für mindestens 3 Stunden in das Gefriergerät stellen.
Inzwischen die Sultaninen heiß abwaschen und gut abtropfen lassen. In einer Schale mit Sherry und Zitronensaft mischen und zugedeckt marinieren.
Das Parfait etwa 15 Minuten vor dem Servieren aus dem Gefriergerät nehmen. Zusammen mit den marinierten Sultaninen anrichten.

Granita di caffè

1/2 l starker heißer Espresso,
6 EL Zucker, 1 Prise gemahlene Vanille,
1 TL Kakaopulver

Den heißen Espresso mit Zucker, Vanille und dem Kakao verrühren. Abkühlen lassen. In eine gefrierbeständige Schüssel gießen und zugedeckt für etwa 4 Stunden in das Gefriergerät stellen, zwischendurch mehrmals kräftig durchrühren. Zum Servieren das Eis mit einer Gabel in Stücke teilen.

Beliebte Snacks in Espressobar & Coffeeshop

Oliven-Ciabatta mit Mortadella

100 g Provolone (ital. Hartkäse),
einige Blätter Eichblattsalat,
1 rote Paprikaschote,
1 Zwiebel, 1 Ciabatta-Brot mit Oliven,
60 g weiche Butter,
frisch gemahlener schwarzer Pfeffer,
100 g Mortadella in dünnen Scheiben

Den Provolone in dünne Scheiben schneiden. Den Eichblattsalat putzen, waschen, trockentupfen und nach Belieben in mundgerechte Stücke zupfen. Die Paprikaschote halbieren, von Stielansatz, Samen sowie Scheidewänden befreien und in schmale Streifen schneiden. Die Zwiebel schälen, in dünne Scheiben schneiden und diese in Ringe teilen.

Die Ciabatta halbieren und beide Hälften mit Butter bestreichen. Den Provolene auf der unteren Ciabattahälfte verteilen, mit Pfeffer würzen. Salatblätter, Paprikastreifen und Zwiebelringe darauf anrichten, mit der Mortadella abschließen. Die obere Ciabattahälfte auflegen und fest andrücken. Die fertige Ciabatta in 4 Stücke schneiden.

Panini mit Taleggio

2 feste Tomaten, 4 Ciabatta-Brötchen,
etwas weiche Butter, 100 g Taleggio (ital. Schnittkäse)
in dünnen Scheiben, einige Basilikumblättchen,
4 Scheiben Coppa (italienische Wurstspezialität) oder
Parmaschinken, grob gemahlener schwarzer Pfeffer

Die Tomaten ohne die Stielansätze in Scheiben schneiden. Die Ciabatta-Brötchen halbieren und dünn mit weicher Butter bestreichen. Mit Käsescheiben, Basilikum, Coppa oder Parmaschinken und Tomaten belegen. Mit grob gemahlenem schwarzem Pfeffer würzen und wieder zusammensetzen. Leicht andrücken.

Tramezzini mit Gorgonzola

6 getrocknete, in Öl eingelegte Tomaten,
50 g Mascarpone, 100 g Gorgonzola,
2 Knoblauchzehen, Salz, frisch gemahlener
schwarzer Pfeffer, einige Blätter Radicchio,
8 Scheiben Toastbrot oder Kastenweißbrot,
100 g Pastrami (eingesalzenes und geräuchertes
Fleisch) oder Corned Beef in dünnen Scheiben

Die Tomaten in sehr feine Würfel schneiden. Mit Mascarpone und Gorgonzola vermengen. Knoblauch schälen und dazupressen, alles mit Salz und Pfeffer würzen. Radicchio waschen, gut trockentupfen und in Streifen schneiden. Von den Toast- oder Kastenweißbrotscheiben die Rinde abschneiden. Die Scheiben mit der Gorgonzolacreme bestreichen. 4 Brotscheiben erst mit Radiccio und dann mit Pastrami oder Corned Beef belegen, die übrigen Brotscheiben – mit der Gorgonzolacreme nach unten – darauf legen, gut andrücken und diagonal halbieren.

Focaccia mit Mozzarella, Parmesan und Tomaten

400–450 g gekühlter oder tiefgefrorener Pizzateig,
etwas Mehl zum Bearbeiten, 125 g Mozzarella,
75 g Parmesan am Stück, 2 kleine feste Tomaten,
2 Knoblauchzehen, 4 EL Olivenöl,
2 TL getrockneter Oregano,
Salz, frisch gemahlener schwarzer Pfeffer

Den Backofen auf 225 °C vorheizen. Pizzateig (TK-Teig zuvor zugedeckt auftauen lassen) auf ein mit Backpapier belegtes Blech legen, mit bemehlten Händen zu einem etwa 20 x 30 Zentimeter großen Oval auseinander drücken. Den Mozzarella in dünne Scheiben schneiden. Den Parmesan reiben. Die Tomaten ohne die Stielansätze in Scheiben schneiden.
Knoblauch schälen und in eine Tasse pressen, mit Olivenöl verrühren und gleichmäßig auf dem Teig verstreichen. Mozzarella, Parmesan und Tomaten auf dem Teig verteilen, Mit Oregano, Salz und Pfeffer würzen. Auf der untersten Schiene im Ofen in 20–25 Minuten goldbraun backen.

Rote-Zwiebel-Quiche mit Pinienkernen

100 g durchwachsener Räucherspeck,
500 g rote Zwiebeln, einige Zweige Thymian,
1 EL Öl, 1 Knoblauchzehe,
Salz, frisch gemahlener schwarzer Pfeffer,
1 runder Fertig-Blätterteig,
1/4 l Sahne, 3 Eier,
100 g geriebener Bergkäse,
3 EL Pinienkerne
Außerdem: Mehl zum Ausrollen

Den Speck von Schwarte und Knorpeln befreien und klein würfeln. Zwiebeln schälen, in dünne Scheiben schneiden und diese in Ringe teilen. Thymian waschen, trockentupfen und die Blättchen abzupfen.
Das Öl in einer Pfanne erhitzen und den Speck darin knusprig braten. Die Zwiebeln dazugeben und anschwitzen, den Knoblauch schälen und dazupressen. Mit Thymian, Salz und Pfeffer würzen und bei geringer Hitze 10 Minuten garen.
Den Backofen auf 200 °C vorheizen. Den Blätterteig auseinander rollen. Eine 26 Zentimeter große Quicheform kalt ausspülen, mit dem Teig auskleiden, überstehenden Teig abschneiden. Den Boden mit einer Gabel mehrmals einstechen.
Die Zwiebelmischung auf dem Blätterteig verteilen. Die Sahne mit den Eiern verquirlen und über die Mischung geben, den Bergkäse und die Pinienkerne darüber streuen. Die Quiche im vorgeheizten Ofen etwa 30 Minuten backen.

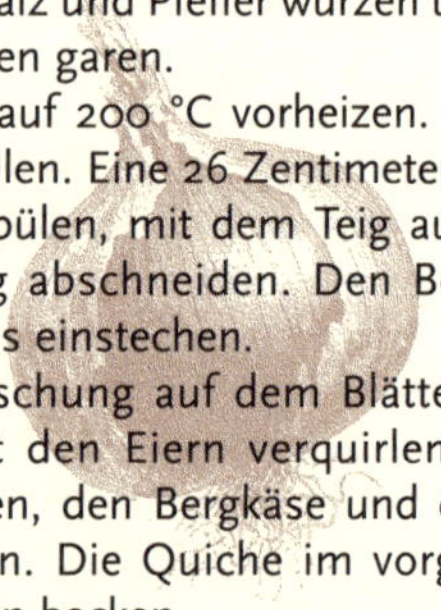

Double Cheeseburger

1 kg Rindfleisch (z.B. Schulter oder Hüfte), Salz, frisch gemahlener Pfeffer, evtl. Öl zum Braten, 8 kleine Scheiben würziger Käse (z.B. Greyerzer oder Cheddar), 2 rote Zwiebeln, 8 Salatblätter, 100 g Salatgurke, 4 große feste Tomaten, 6 Hamburger-Brötchen, 4 EL mittelscharfer Senf, 4 EL Ketchup, 4 EL Chilisauce

Das Rindfleisch von Sehnen und überschüssigem Fett befreien, es soll aber noch etwas Fett daranbleiben. Das Fleisch nicht zu fein durch den Fleischwolf drehen (sonst werden die Hamburger trocken), salzen und pfeffern. Zu 8 runden, etwa 2 Zentimeter dicken Frikadellen formen und die Ränder begradigen (nicht zu stark kneten!).

Die Frikadellen auf einem Tischgrill garen oder in etwas Öl in einer Pfanne von jeder Seite 3–4 Minuten braten. In den letzten Minuten die Käsescheiben darauf legen und leicht schmelzen lassen.

Die Zwiebeln schälen und in dünne Scheiben schneiden. Die Salatblätter putzen, waschen und gut trockentupfen. Die Gurke schälen und in Scheiben schneiden. Die Tomaten ohne die Stielansätze in Scheiben schneiden. Die Brötchen halbieren und leicht rösten – für jeden Burger benötigt man 3 Brötchenhälften. Jeweils eine Hälfte mit Senf, Ketchup und Chilisauce bestreichen. Alle Zutaten nach Belieben zu 4 Double Cheeseburgern zusammensetzen, die Burger dabei leicht zusammendrücken.

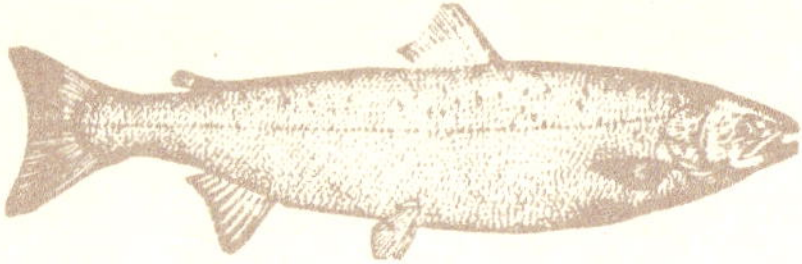

Bagels mit Frischkäse und Lachs

Für den Teig: 1/4 l Milch, 60 g Butter,
1/2 TL Salz, 1 EL Zucker, 20 g frische Hefe,
1 Eiweiß, etwa 400 g Mehl
Für den Belag: 400 g Doppelrahm-Frischkäse,
Salz, frisch gemahlener schwarzer Pfeffer,
200 g Räucherlachs in dünnen Scheiben
Außerdem: Mehl zum Bearbeiten,
1 Eigelb zum Bestreichen

Für den Teig Milch, Butter, Salz und Zucker in einem Topf unter Rühren erhitzen, bis die Butter geschmolzen ist. In einer Schüssel lauwarm abkühlen lassen. Die Hefe hineinbröckeln und darin auflösen, 10 Minuten ruhen lassen.
Eiweiß in einer Tasse verquirlen und unterschlagen. Nach und nach das Mehl dazugeben und alles zu einem glatten, recht weichen Teig verkneten. 10 Minuten lang kneten und zugedeckt an einem warmen Ort etwa 1 Stunde gehen lassen.

Den Teig in 12–16 Portionen teilen und zu Kugeln formen. In jede Kugel mit dem Zeigefinger mittig ein Loch drücken. Jeden Ring um den Zeigefinger auf der leicht bemehlten Arbeitsfläche kreisen lassen, bis das Loch einen Durchmesser von etwa 3 Zentimetern hat. Die Kringel zugedeckt nochmals etwa 10 Minuten gehen lassen.

In einem Topf reichlich Wasser zum Kochen bringen. Jeweils 3–4 Teigkringel auf einmal hineingeben und diese knapp 1 Minute vorgaren. Mit einer Schaumkelle herausheben, gut abtropfen lassen und auf zwei mit Backpapier belegte Bleche setzen.

Den Backofen auf 200 °C vorheizen. Das Eigelb mit 1 Esslöffel Wasser verquirlen und die Bagels damit bestreichen. In den vorgeheizten Ofen schieben und in 15–20 Minuten goldbraun backen.

Vor dem Servieren die Bagels halbieren, nach Belieben rösten und mit dem Belag fertig stellen: Dafür jeweils die untere Hälfte mit Frischkäse bestreichen, salzen, pfeffern und mit Lachs belegen. Die passenden oberen Hälften darauf setzen.

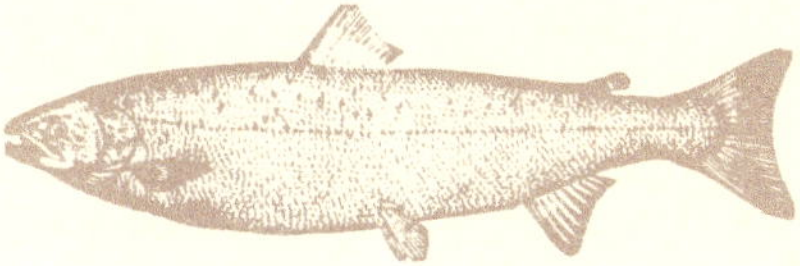

BLT-Sandwich

Es gehört zu den ganz großen Klassikern der amerikanischen Sandwiches. Die Abkürzung „BLT“ steht für seine Beläge: „bacon“, „lettuce“ und „tomato“.

200 g Bacon in Scheiben,
4 große Salatblätter,
2 große, feste Tomaten,
8 Scheiben Sandwich-Toastbrot,
5–6 EL Knoblauchsauce, Salz,
frisch gemahlener schwarzer Pfeffer

Bacon-Scheiben nebeneinander in einer großen Pfanne bei mittlerer Hitze knusprig ausbraten. Auf Küchenpapier abtropfen und abkühlen lassen.
Die Salatblätter putzen, waschen und gründlich trockentupfen. Tomaten ohne die Stielansätze in Scheiben schneiden.
Die Toastscheiben rösten und mit der Knoblauchsauce bestreichen. 4 Scheiben mit den übrigen Zutaten belegen, dabei die Tomatenscheiben salzen und pfeffern. Die restlichen Toastscheiben mit der Knoblauchseite nach unten darauflegen und dann die Sandwich diagonal halbieren.

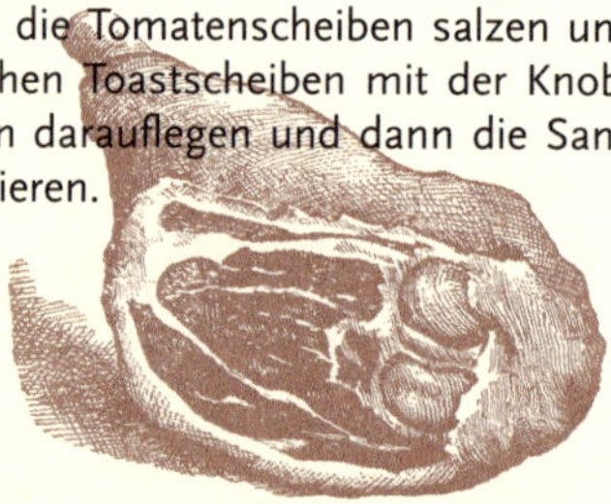

Sandwich mit Truthahnsalat

2 kleine Truthahn- bzw. Putenschnitzel,
Salz, frisch gemahlener schwarzer Pfeffer,
2 EL Öl, 1 Zwiebel, 2 Stangen Staudensellerie,
150 g Maiskörner, 2 EL Kapern,
6 EL Salatmayonnaise, 2 EL Joghurt,
8 Scheiben Sandwich-Toastbrot,
4 EL weiche Butter, 8 Salatblätter

Die Schnitzel kalt abwaschen und abtrocknen, mit Salz und Pfeffer einreiben. Das Öl in einer Pfanne erhitzen, das Fleisch darin rundherum scharf anbraten, dann von beiden Seiten noch etwa 2 Minuten bei mittlerer Hitze weiterbraten.
Inzwischen die Zwiebel schälen und klein würfeln. Den Sellerie putzen und in dünne Scheiben schneiden. Mais in einem Sieb abtropfen lassen.
Das Fleisch klein würfeln. Zusammen mit der Zwiebel, Sellerie, Mais und Kapern in eine Schüssel geben. Mit Mayonnaise und Joghurt vorsichtig vermischen. Den Truthahnsalat mit Salz und Pfeffer würzen und zugedeckt etwa 30 Minuten ruhen lassen.
Zum Servieren das Sandwichbrot toasten und mit Butter bestreichen. Die Salatblätter putzen, waschen, trockentupfen und auf die Brotscheiben legen. Den Geflügelsalat auf 4 der Scheiben verteilen, die anderen Brotscheiben mit der Salatseite nach unten darauf legen. Leicht andrücken und längs oder diagonal halbieren. Mit Holzspießchen zusammenstecken.

Sandwich mit Thunfisch

2 EL Knoblauchsauce, 4 EL Joghurt,
einige Blättchen frischer Majoran,
Salz, frisch gemahlener schwarzer Pfeffer,
etwas abgeriebene unbehandelte Zitronenschale,
1 kleine Dose Thunfisch im eigenen Saft,
2 getrocknete, in Öl eingelegte Tomaten,
100 g Feta, 60 g entsteinte grüne Oliven,
100 g Salatgurke, 8 Scheiben Roggentoast

Knoblauchsauce, Joghurt und Majoran verrühren, mit Salz, Pfeffer und Zitronenschale würzen. Thunfisch abtropfen lassen. Tomaten in feine Streifen schneiden. Feta klein würfeln. Oliven in Scheiben schneiden. Alles in einer Schüssel vermischen. Gurke schälen und in Scheiben schneiden.
Die Toastscheiben mit der Knoblauch-Joghurt-Sauce bestreichen und 4 davon mit Gurkenscheiben belegen. Die Thunfischmischung darauf geben, die übrigen Toastscheiben mit der bestrichenen Seite nach unten leicht darauf andrücken. Im Sandwich-Toaster etwa 5 Minuten toasten.

Sandwich mit Eiersalat

4 Eier, 1 rote Paprikaschote,
4 Stangen Staudensellerie, 4 EL Salatmayonnaise,
4 EL Joghurt, 2 TL Zitronensaft,
Salz, frisch gemahlener schwarzer Pfeffer,
1/2 TL Currypulver, 4 Baguettebrötchen,
4 EL weiche Butter, 4 Salatblätter

Die Eier in etwa 8 Minuten hart kochen. Kalt abschrecken, pellen und würfeln. Die Paprika halbieren, von Stielansatz, Samen sowie Scheidewänden befreien und fein würfeln. Selleriestangen putzen und ebenfalls klein würfeln.

Mayonnaise und Joghurt verrühren, mit Zitronensaft, Salz, Pfeffer und Curry würzen. Mit dem Gemüse vermischen. Eiwürfel vorsichtig unterheben. Die Brötchen halbieren und buttern. Die Salatblätter putzen, waschen, trockentupfen und auf die unteren Hälften legen, den Eiersalat darauf verteilen. Mit den oberen Hälften abdecken und leicht andrücken.

Sandwichrollen mit Roastbeef

60 g Walnusskerne, 200 g Doppelrahm-Frischkäse,
Salz, frisch gemahlener schwarzer Pfeffer,
100 g Rucola, 4 dünne Scheiben Kastenweißbrot
(das Brot waagerecht in Scheiben geschnitten),
8 EL weiche Butter,
16 dünne Scheiben Roastbeef

Die Walnüsse fein hacken und mit dem Frischkäse verrühren, salzen und pfeffern. Den Rucola waschen, gut trockentupfen und von den groben Stielen befreien. Die Brotscheiben entrinden und leicht buttern. Mit der Nusscreme bestreichen, mit Rucola und Roastbeef belegen.
Die Brotscheiben von einer Schmalseite beginnend aufrollen, fest in Alufolie wickeln und etwa 1 Stunde lang kalt stellen. Anschließend jede Rolle schräg in Scheiben schneiden.

Nur mit wirklich frischem und sehr dünn aufgeschnittenem Brot gelingen die Rollen, normales Toastbrot bricht beim Aufrollen.

Hochstaplers Käse-Sandwich

16 Scheiben Sandwich-Toastbrot,
6 kleine feste Tomaten, 12 große Salatblätter,
200 g Doppelrahm-Frischkäse,
Salz, frisch gemahlener schwarzer Pfeffer,
Paprikapulver, 12 EL weiche Kräuterbutter,
je 4 Scheiben Berg- und Cheddarkäse,
160 g Blauschimmelkäse

Die Brotscheiben toasten. Die Tomaten ohne die Stielansätze in Scheiben schneiden. Die Salatblätter putzen, waschen und trockentupfen. Den Frischkäse mit Salz, Pfeffer und Paprikapulver verrühren.
4 Brotscheiben mit etwas Käuterbutter bestreichen. Jeweils 1 Salatblatt, 1 Scheibe Käse und etwa 3 Tomatenscheiben darauf legen. 4 Brotscheiben mit Frischkäse bestreichen und mit der bestrichenen Seite nach unten auflegen. Die oben liegende Seite mit Kräuterbutter bestreichen und wie oben beschrieben fortfahren. Mit einer Brotscheibe – Frischkäseseite nach unten – abschließen.

Vegetarische Tortilla-Wraps

1 Zwiebel, 1 große grüne Paprikaschote,
1 EL Öl, 1 Knoblauchzehe,
1 Dose Kidneybohnen,
1 kleine Dose Tomatenmark,
1 TL getrockneter Thymian,
Salz, frisch gemahlener Pfeffer,
Kreuzkümmel, einige Tropfen Tabasco,
4 grüne Tortillas (Fertigprodukt),
einige Blätter Eisbergsalat,
2 kleine feste Tomaten,
4 TL grob geriebener Emmentaler
oder Cheddarkäse, 4 TL Schmand

Zwiebel schälen, Paprika halbieren, von Stielansatz, Samen sowie Scheidewänden befreien. Beides fein würfeln und im erhitzten Öl unter Rühren leicht anbraten. Den Knoblauch schälen und dazupressen.
Bohnen in einem Sieb abtropfen lassen. Das Tomatenmark mit etwas heißem Wasser verrühren. Beides zur Paprikamischung geben. Alles mit Thymian, Salz, Pfeffer, Kreuzkümmel und Tabasco würzen und offen bei geringer Hitze etwa 10 Minuten köcheln lassen.
Inzwischen die Tortillas nach Packungsanweisung im Backofen erwärmen. Salat putzen, waschen, trockentupfen und in feine Streifen schneiden. Tomaten von Stielansatz und Kernen befreien und klein würfeln. Salat und Tomaten mischen und pikant abschmecken. Die Tortillas zu Tüten formen, die spitzen Enden ein wenig umschlagen und dann mit einer Papierserviette

umwickeln. Die Bohnenmischung einfüllen. Jeweils etwas Käse und Schmand darauf geben, die Salat-Tomaten-Mischung darauf streichen und die Wraps sofort servieren.

Croissants mit Mohn-Omelett

2 Eier, 4 EL Sahne, 1 EL Mohnsamen,
Salz, frisch gemahlener schwarzer Pfeffer,
2 EL weiche Butter, 4 Croissants,
1 EL Kräuter-der-Provence-Paste in Öl
(aus dem Glas), 4 Blätter Friséesalat,
8 dünne Scheiben Putenbrustaufschnitt

Die Eier mit Sahne und Mohnsamen verquirlen, salzen und pfeffern. 1 Teelöffel Butter in einer kleinen beschichteten Pfanne erhitzen, die Eiermasse hineingeben und zugedeckt bei geringer Hitze zum luftigen Omelett stocken lassen. Abkühlen lassen. Die Croissants halbieren, die Hälften dünn mit Butter und mit Kräuterpaste bestreichen.
Die Salatblätter putzen, waschen, trockentupfen und nach Belieben in mundgerechte Stücke zupfen. Auf die unteren Hälften der Croissants legen. Mit dem Putenbrustaufschnitt belegen. Das Omelett in 4 Dreiecke schneiden und auf den Aufschnitt legen. Mit den oberen Croissanthälften abdecken, leicht andrücken.

Traditionelle & neue Getränke mit Kaffee

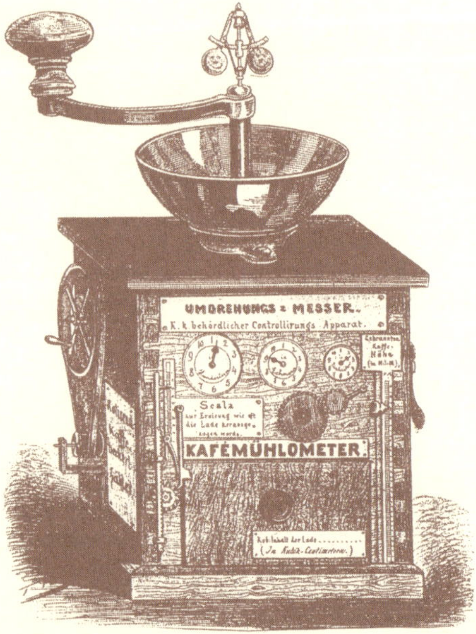

Irish Coffee

4 TL brauner Zucker, 16 EL Irischer Whiskey,
4 Tassen starker heißer Kaffee,
halbsteif geschlagene Sahne nach Belieben,
Schokoladenraspel nach Belieben

4 Irish-Coffee-Gläser heiß ausspülen. Jeweils 1/2 Teelöffel braunen Zucker hineingeben, anteilig den Whiskey dazugießen und anzünden. 1–2 Minuten flambieren, dann mit heißem Kaffee auffüllen. Vorsichtig etwas Sahne darauf setzen – sie soll sich nicht mit dem Kaffee vermischen! Die Schokoladenraspeln aufstreuen. Nicht umrühren – der heiße Kaffee soll durch die kühle Sahnehaube getrunken werden.

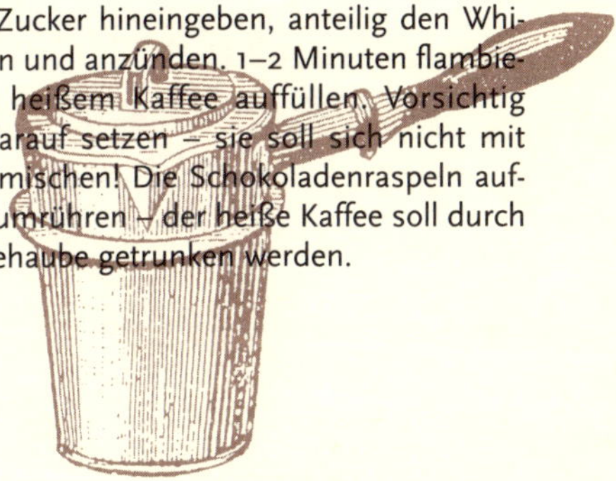

Pharisäer

4 TL Kakaopulver, 4 TL Zucker, 8 EL Rum,
4 Tassen heißer starker Kaffee,
geschlagene Sahne nach Belieben

4 feuerfeste Gläser oder Tassen heiß ausspülen. Kakao, Zucker und Rum darin verrühren. Den heißen Kaffee dazugießen und alles mit der geschlagenen Sahne krönen.

Kaiser-Melange

4 Eigelb, 4 EL Zucker, 4 TL Cognac,
2 Tassen starker heißer Kaffee, 2 Tassen heiße Milch,
geschlagene Sahne nach Belieben

In 4 hohen, hitzebeständigen Bechergläsern jeweils 1 Eigelb mit 1 Esslöffel Zucker und 1 Teelöffel Cognac verrühren. Kaffee und Milch anteilig darüber gießen. Nach Belieben eine Haube aus geschlagener Sahne darauf setzen.

Café brûlot

8 EL Cognac, 4 Gewürznelken, 1 Zimtstange,
etwas abgeriebene unbehandelte Zitronen-
und Orangenschale, 8 EL Zucker,
4 Tassen starker heißer Kaffee,
geschlagene Sahne nach Belieben

Den Cognac mit Nelken, Zimt, Zitronen- und Orangenschale sowie Zucker in einem kleinen Topf erhitzen, nicht kochen lassen. Vorsichtig anzünden.
Den heißen Kaffee in Tassen gießen, den brennenden Cognac ohne die Gewürze vorsichtig dazugießen. Nach Belieben eine Sahnehaube auf den Kaffee setzen und sofort servieren.

Mokkapunsch

3 Tassen starker Mokka, 1/2 Tasse Rotwein,
8 EL Rum, 1 Päckchen Vanillezucker,
1 Zimtstange, 3 EL Kandiszucker

Mokka mit Rotwein, Rum, Vanillezucker, Zimt und Kandis in einem Topf unter Rühren erhitzen, bis sich der Kandis gelöst hat. Nicht kochen lassen! In 4 hohe feuerfeste Gläser gießen, dabei den Zimt entfernen.

Kaffee Maria Theresia

4 Tassen starker heißer Kaffee,
Zucker nach Belieben, 8 EL Orangenlikör,
geschlagene Sahne nach Belieben,
bunte Zuckerstreusel

Den Kaffee mit Zucker nach Belieben süßen, den Orangenlikör dazugießen. Mit einer dicken Sahnehaube krönen und einige bunte Zuckerstreusel obenauf streuen.

Seelenwärmer

100 g Zartbitterschokolade,
2 Tassen starker heißer Kaffee,
flüssige Sahne nach Belieben,
Zimtpulver, Nelkenpulver,
frisch geriebene Muskatnuss, Kandiszucker

Die Schokolade hacken und zusammen mit 1 Tasse Wasser in einen kleinen Topf geben, bei geringer Hitze schmelzen lassen. In 4 feuerfeste Gläser füllen und mit dem Kaffee übergießen. Etwas Sahne angießen, alles nach Geschmack mit je 1 Prise Zimt, Nelke und Muskat sowie mit etwas Kandiszucker würzen.

Mokka-Flip

2 Eigelb, 1 Päckchen Vanillezucker,
3 EL Puderzucker, 1 TL Kakaopulver,
1/4 l starker heißer Mokka

Die Eigelbe mit Vanillezucker und Puderzucker in einer Schüssel über einem warmen Wasserbad cremig aufschlagen. Erst den Kakao, dann nach und nach auch den heißen Mokka unterschlagen. Kurz stehen lassen, bis sich der Schaum etwas zurückgebildet hat, dann in Becher oder Tassen füllen und sofort servieren.

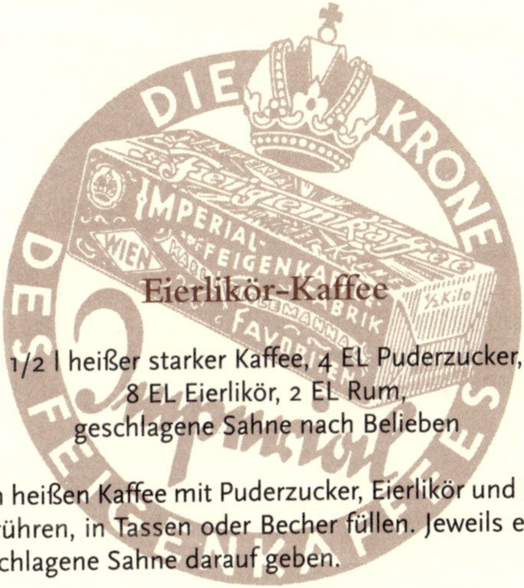

Eierlikör-Kaffee

1/2 l heißer starker Kaffee, 4 EL Puderzucker,
8 EL Eierlikör, 2 EL Rum,
geschlagene Sahne nach Belieben

Den heißen Kaffee mit Puderzucker, Eierlikör und Rum verrühren, in Tassen oder Becher füllen. Jeweils etwas geschlagene Sahne darauf geben.

Kaffeepunsch mit Sherry

1/2 l starker Kaffee, 3 EL Zucker,
4 EL Cream Sherry, 2 EL Rum,
abgeriebene Schale von 1 unbehandelten Orange,
1 Zimtstange, geschlagene Sahne nach Belieben

Kaffee mit Zucker süßen und mit Sherry, Rum, Orangenschale und der Zimtstange erhitzen, aber nicht kochen lassen. Durch ein Sieb in hohe Becher gießen, mit etwas Sahne krönen.

Orangenkaffee

1 unbehandelte Orange, 4 EL Orangenlikör,
4–8 TL Puderzucker, 4 Tassen starker heißer Kaffee,
geschlagene Sahne nach Belieben

Die Orange heiß abwaschen und abtrocknen. Mit dem Zestenreißer feine Zesten von der Schale abziehen, den Saft auspressen. Orangensaft und Orangenlikör in 4 hohe feuerfeste Gläser geben, mit Puderzucker nach Belieben süßen. Den heißen Kaffee darüber gießen, jedes Glas mit geschlagener Sahne nach Belieben krönen und mit den Orangenzesten bestreuen.

Mazagran

4 Tassen sehr starker heißer Kaffee,
Zucker nach Belieben, Eiswürfel,
8 EL Maraschino, 4 Spritzer Angostura

Den Kaffee nach Belieben mit Zucker süßen. Eiswürfel in 4 feuerfeste Gläser geben, den heißen Kaffee darüber gießen. Maraschino und Angostura dazugeben, verrühren und mit Strohhalmen servieren.

Heiß-kalter Nuss-Espresso

4 Tassen starker heißer Espresso,
Zucker nach Belieben, 4 Kugeln Walnusseis,
geschlagene Sahne nach Belieben, Walnusskerne

Den Espresso nach Belieben mit Zucker süßen und in 4 feuerfeste hohe Gläser geben. Je 1 Kugel Walnusseis hineingeben, nach Belieben mit Schlagsahne und mit einigen grob gehackten Walnüssen krönen.

Eiskaffee

8 Kugeln Vanilleeis, 4 Tassen starker
eisgekühlter Kaffee, Sahne und Vanillezucker
nach Belieben, Kakao oder Schokoladenraspel

Das Vanilleeis in hohe, gut gekühlte Gläser geben. Eisgekühlten starken Kaffee darüber gießen. Sahne mit Vanillezucker steif schlagen und mit einem Spritzbeutel auf den Eiskaffee spritzen. Mit Kakao oder Schokoladenraspeln bestreuen und mit langen Löffeln und Strohhalmen servieren.

Wiener Eiscafé

4 Tassen starker Kaffee, 8 TL Zucker, 200 ml Sahne

Den Kaffee mit Zucker süßen. Die Sahne unterrühren und alles mehrere Stunden lang kalt stellen. Gut gekühlt servieren.

Iced Caffè Amaretto

1/4 l starker kalter Kaffee, 1/4 l Milch, 8 EL Amaretto, Eiswürfel nach Belieben, Kakaopulver

Kaffee, Milch und Amaretto verrühren. Jeweils einige Eiswürfel in 4 hohe Gläser geben, die Kaffeemischung darüber gießen. Leicht mit Kakao bestäuben.

Orangen-Vanille-Kaffee

4 Tassen starker heißer Kaffee, 60 g Zucker, 3 unbehandelte Orangen, 4 EL Orangenlikör, 4 große Kugeln Vanilleeis

Den Kaffee mit Zucker süßen und erkalten lassen. Von 1 heiß abgewaschenen und abgetrockneten Orange die Schale in langen Spiralen abschälen und zum Dekorieren beiseite legen, das Fruchtfleisch klein würfeln. Von den übrigen Orangen den Saft auspressen. Das Orangenfruchtfleisch in 4 Gläser geben, mit dem

Orangenlikör beträufeln. Jeweils 1 große Eiskugel darauf setzen und den kalten Kaffee darüber gießen. Mit der Orangenschalenspirale garnieren.

Kalter Karibik-Kaffee

150 g frisches Ananasfruchtfleisch,
100 ml Orangensaft, 2 EL Zucker,
1/4 l starker eiskalter Kaffee,
4 EL geröstete Kokosraspel, 100 ml Sahne

Das Ananasfruchtfleisch in Stücke schneiden und zusammen mit dem Orangensaft und dem Zucker im Mixer pürieren. Den Kaffee nach und nach untermixen. Die Ränder von 4 Gläsern befeuchten und in Kokosraspeln drehen. Den Kaffee in die Gläser füllen. Die Sahne steif schlagen, mit den übrigen Kokosraspeln vermischen und auf den Kaffee spritzen.

Bananen-Kaffee-Shake

4 EL Instantkaffee, 1 große Banane,
1 EL Zitronensaft, 2 EL Zucker, 3/4 l kalte Milch

Den Kaffee in ganz wenig heißem Wasser auflösen. Die Banane schälen, das Fruchtfleisch grob klein schneiden und mit Zitronensaft, Zucker und Kaffee im Mixer glatt pürieren. Nach und nach die Milch untermixen. In Gläser füllen und sofort servieren.

Verzeichnis der Rezepte

Typisches Gebäck zum Kaffee

Kuchen & Desserts mit Kaffee

Beliebte Snacks in Espressobar & Coffeeshop

Traditionelle & neue Getränke mit Kaffee